中級レベル ロールプレイで学ぶ
ビジネス日本語 ―就活から入社まで―

村野節子・山辺真理子・向山陽子 著

スリーエーネットワーク

©2018 by MURANO Setsuko, YAMABE Mariko, and MUKOYAMA Yoko

All rights reserved. No part of this publication may be reproduced, stored in a retrieval system, or transmitted in any form or by any means, electronic, mechanical, photocopying, recording, or otherwise, without the prior written permission of the Publisher.

Published by 3A Corporation.
Trusty Kojimachi Bldg., 2F, 4, Kojimachi 3-Chome, Chiyoda-ku, Tokyo 102-0083, Japan

ISBN978-4-88319-770-5 C0081

First published 2018
Printed in Japan

はじめに

　本書は中級から中上級レベルの学習者向けのビジネス日本語教材です。日本国内の企業や海外の日系企業で日本語を使って仕事ができる能力の養成を目指して作成しました。

　私たちは2012年に上級者向けの会話教材『ロールプレイで学ぶビジネス日本語－グローバル企業でのキャリア構築をめざして』（スリーエーネットワーク）を出版しましたが、そのころから留学生に対するビジネス日本語教育を行う教育機関が増え始め、上級レベルに達する前の段階で使える教材が欲しいという声をたくさんいただくようになりました。

　そのようなニーズの高まりの中、私たちが所属する武蔵野大学でも新学科でビジネス日本語教育を始めることが決まり、学部留学生向けの教材開発が必要になりました。試行錯誤を繰り返し、最終的に、就職活動から入社直後までの流れがわかるような場面を設定し、その中に必要なタスクを組み込むことにしました。

　本書でいうタスクとは、現実社会で私たちが日々行っているタスクを反映させて作成した真正性の高い教育用タスクを指しています。口頭能力の養成を主眼に置いているためロールプレイの比重が高くなっていますが、各課の学習項目に応じてエントリーシート作成、メール作成、ディスカッションなどさまざまなタイプのタスクを配置しました。また、日本の企業文化を理解するためのディスカッション用教材として、ケーススタディをユニットごとに入れました。これらのタスクを行うことを通して、ビジネス場面で必要な日本語の運用能力を養成すると同時に、ビジネス場面でよく使用される文型・表現や、就職活動を含む日本の企業文化についての知識も学べるようにしました。

　本書は学部や専門学校のクラス授業で使用することを念頭に置いて作成しましたが、内容が就活と入社後に分かれていますし、各課に文型・表現の練習を入れてありますので、すでに就職している方々の学習用にも使うことができます。本書が日本語を使って仕事をしたいと考えている方々にとって有用な教材となっていれば大変嬉しく思います。

　最後になりましたが、教育実践に協力してくださった武蔵野大学グローバル学部日本語コミュニケーション学科の留学生の皆様、試用後にコメントをくださった教員の皆様、私たちの実践をいつも応援してくださっている学科長の堀井恵子先生、試作版の録音にご協力くださった村澤慶昭先生、留学生学習カウンセラーの種村政男さんにお礼申し上げます。また、本書がこのような形になるまでさまざまな助言をしてくださった株式会社スリーエーネットワークの佐野智子さんに深く感謝申し上げます。

2018年5月

筆者一同

目次

はじめに

本書の構成 ･･･ (006)
   How this book is organized ･･････････････････････････････････････ (009)
   本书的内容结构 ･･ (012)
   Cấu trúc của quyển sách này ････････････････････････････････････ (015)
モデル会話の内容 ･･･ (018)
   About the model conversations ･････････････････････････････････ (019)
   示范会话的内容 ･･ (020)
   Nội dung hội thoại mẫu ･･･ (021)
本書で教える先生方へ ･･ (022)

就活編

Unit1 就活（就職活動）の準備 ････････････････････････････････････ 001
      1課　インターンシップ情報を得る ･････････････････････････ 002
      2課　インターンシップに応募する ･････････････････････････ 008
   ケーススタディ1　カラスの集団？就活ルックって？ ･･････････ 015

Unit2 インターンシップ ･･･ 017
      3課　インターンシップに参加する－1 ････････････････････ 018
      4課　インターンシップに参加する－2 ････････････････････ 024
   ケーススタディ2　「ほうれんそう」って必要？ ･･････････････････ 030

Unit3 就職の面接 ･･ 031
      5課　面接を受ける－1 ･････････････････････････････････････ 032
      6課　面接を受ける－2 ･････････････････････････････････････ 038
   ケーススタディ3　私の意見は正しいのに ････････････････････････ 044

新入社員編

Unit4 初めての仕事 ･･･ 045
      7課　報告書を書く ･･ 046
      8課　データをまとめる ･･･････････････････････････････････ 054
   ケーススタディ4　「例の」、「あれ」って何？ ････････････････････ 059

Unit5	電話対応	061
	9課　電話を取り次ぐ	062
	10課　伝言を受ける	067
	ケーススタディ5　「(さ)せていただく」の洪水？	073

Unit6	社外の交渉	075
	11課　アポを取る	076
	12課　謝罪をする	082
	ケーススタディ6　ダメならダメと早く言って！	088

Unit7	社内の交渉	091
	13課　誘いを断る	092
	14課　許可を得る	097
	ケーススタディ7　10分遅れただけなのに	102

敬語表現 …………………………………………………………………… 103

別冊　文型・表現の 問題 の解答例

本書の構成

◆ 全体の構成

　本書は7つのユニット（Unit）で構成されています。全体がストーリー仕立てになっていて、前半3つのユニットは就活（就職活動）の準備から就職試験までの場面、後半4つのユニットは入社後早い段階の場面です。各ユニットは2課からなり、それぞれの課にはモデル会話、文型・表現の練習、ロールプレイを中心とした3つのタスクが入っています。

　このような構成にすることで、インターンシップを含む就活の流れ、就職の面接、入社後初期段階の仕事の流れなどを理解しながら、ビジネス場面で必要なコミュニケーション能力を身に付けられるようにしました。

◆ 登場人物

　主な登場人物は日本の大学に通うベトナム出身の男子学生[1]と、中国出身の女子学生[2]です。2人が就活を経てそれぞれ別の会社に入社するまでの場面と入社直後から数か月間の仕事の場面を、時間軸に沿って提示しました。

1. グエン・ヴァン・クォン（ベトナム出身）

　　東京の日本語学校に1年半通った後、東西大学経済学部に
　　入学、卒業
　　　就職先　ネット通販会社「株式会社ネットパーク」
　　　　　　　国際事業部

2. 黄春梅（こうしゅんばい）（中国出身）

　　小さい頃から日本のマンガ、アニメに親しみ、高校生の
　　ときから独学で日本語を勉強
　　東西大学国際コミュニケーション学部入学、卒業
　　　就職先　トイレタリー製品＊の製造販売会社
　　　　　　　「ラムラ株式会社」営業2課

　　＊トイレタリー製品：石けん、シャンプー、歯磨き粉など、体を清潔に保つための製品

◆Unitのトップページ

各ユニットの初めに、そのユニットの2つの課に関連する説明が書いてあります。日本での就活や会社での仕事の流れ、および留意点を知ることで、モデル会話やタスクについて深く理解することができます。

◆各課の構成

モデル会話

就活場面での目上の人との会話、会社の様々な場面での会話などを、短いモデル会話として提示しました。リスニングやシャドーイングの練習用に録音CDを付けました。また、ウェブサイトでも音声を聞くことができます。
https://www.3anet.co.jp/np/books/4018/

文型・表現

その課のタスク遂行に役立つ文型・表現、間違えやすい語彙などを例文と共に示しました。また、それらの表現を使う練習ができるように、語彙選択や短文完成の問題を付けました。

練習問題解答例

語彙選択問題は解答を、短文完成問題は解答例を示しました。

タスク

口頭能力の養成を重視し、どの課もタスク1と2はロールプレイにしました。タスク1はモデル会話に近いロールプレイ、タスク2は少し応用を加えたロールプレイです。難易度が違うロールプレイをすることで、実際のビジネスにつながる会話能力を身に付けることを意図しています。なお、ロールプレイでは、ロールカードAが先に発話をする人になるよう設定してあります。

タスク3は課によってタスクの種類が異なります。例えば、自己ピーアール文の作成などの書くタスク、販売戦略などについてのディスカッション、難しい設定のロールプレイなどです。これらのタスクは様々なビジネス場面で必要となる能力を養成することを目的としています。

タスクの指示文の前に、内容がすぐにわかるようにアイコンを付けました。

- 👥 2人で行うタスク（ロールプレイ）
- 👥 3人以上で行うタスク（ディスカッションなど）
- ✏️ 書くタスク
- 👤 考えるタスク

◆Unitの最終ページ

　各ユニットの最後に、日本企業への就職を希望する方々に考えてほしい問題を、ケーススタディとして載せました。異文化理解を促すとともに、自分の意見を論理的に述べられるようになることを意図しています。自分を振り返り、しっかりとした考えを持つことは、日本での就職がスムーズに進むことにつながります。

How this book is organized

◆ Overall structure

This book is organized into seven units. The seven units make up a unified story, with the first three units involving scenes from job-hunting up to sitting an employment examination, and the last four units involving the early days in a job following recruitment. Each unit consists of two lessons, and each lesson consists of model conversations, sentence structure/expression practice, and three tasks centered on role-playing respectively.

The book has been organized in this way to help students acquire the necessary communication skills for business settings, while also learning about the steps involved in job-hunting, including internships, job interviews, and even the early stages immediately after recruitment.

◆ Characters

The main characters are a male student from Vietnam[1] and a female student from China[2] who are both studying at a Japanese university. The story covers, in chronological order, scenes from their internships and job-hunting activities, their recruitment into two different companies, and scenes from the first few months of their work life.

1. Nguyen Van Cuong (from Vietnam)

   After studying for a year and a half at a Japanese-language school in Tokyo, Mr. Nguyen entered Tozai University and graduated with a degree in economics.
   After graduating from Tozai University he starts working in the international business department of an online shopping company called "Net Park Co. Ltd."

2. Huang Chunmei (from China)

Ms. Huang was interested in Japanese comics and cartoons from a young age and taught herself Japanese while at high school.

She graduated from Tozai University with a degree in international communications.

She works in the No. 2 Sales Department of "Ramura Co. Ltd.," a company that produces and sells toiletry products (soap, shampoo, toothpaste, etc.).

◆ **First page of each unit**

Each unit begins with an explanation of the two lessons included in it. By learning about job-hunting in Japan and working at companies as well as various important points to remember, students can gain a deeper understanding of the tasks and model conversations they will later study.

◆ **Structure of each lesson**

Model conversations

Short model conversations are provided based on conversations that require courteous language, including dialogue when seeking employment, and typical conservations in different situations when working in a company. A CD for listening and shadowing practice is included. You can also listen to the audio content on the publisher's Web site: https://www.3anet.co.jp/np/books/4018/

Sentence structures and expressions

Sentence structures and expressions that can aid students in the completion of the tasks in each lesson as well as commonly mistaken words and so on are provided together with sample sentences. To enable students to practice using these expressions, word-selection and short sentence-completion exercises are also provided.

Sample answers to exercises

Answers for word-selection exercises and sample answers for short sentence-completion exercises are provided.

Tasks

Verbal communication skills are given emphasis. Tasks 1 and 2 in all of the lessons are role-playing exercises. The first tasks of each lesson are role-playing exercises based on conversations that are similar to the model conversations. The second tasks of each lesson feature slightly more advanced role-playing exercises. The aim of having students carry out role-playing exercises with differing difficulty levels is to help them gain the conversation skills that will be required of them in actual business settings. Note that in the role-playing exercises, the person with Role Card A should speak first.

The third tasks of each lesson differ from lesson to lesson. There are, for example, tasks involving writing self-introductions, engaging in discussions on topics such as sales strategies, carrying out role-playing exercises involving difficult situations, and so on. These tasks are aimed at nurturing the communication skills required in different business settings.

Icons are used in front of task explanations to help students immediately grasp what type of task is involved.

- Tasks (role-playing) involving two students
- Tasks (discussions, etc.) involving three or more students
- Written tasks
- Thinking-based tasks

◆ The final page of each unit

The last page of each unit presents case studies based on issues that students hoping to work in Japanese companies should consider. The objective is to deepen students' understanding of other cultures and enhance their ability to discuss their own opinions in a logical manner. Being able to think about themselves and have well-formed ideas will help give students smooth paths toward finding employment in Japan.

本书的内容结构

◆全书的内容结构

全书由七个单元构成。全书有完整的故事情节，前面三个单元设置的是从找工作（求职活动）的准备工作到入职考试的场景，后面四个单元设置的是入职后初期阶段的工作场景。每个单元有2课，每课包含示范会话、句型和惯用表达方式练习、分角色表演为主要内容的三项学习任务。

通过这样的内容结构设置，希望学习者在理解包括实习在内的求职活动的流程，以及面试和入职初期阶段的工作流程的同时，能够掌握商务活动中所必需的交际能力。

◆人物设置

主要人物是就读于日本大学的来自越南的男学生1和来自中国的女学生2。按照时间先后顺序，设置了从2个人经过求职活动之后分别入职于不同公司的场景，还有从刚入职开始的最初的几个月的工作场景。

1．阮文强（越南人）
在东京的日语学校就读1年半之后，考入东西大学经济系，
毕业就职公司 网络销售公司"株式会社网络公园"国际事业部

2．黄春梅（中国人）
小时候就喜欢日本的动漫，在高中时开始自学日语
考入东西大学跨文化交际系，毕业就职公司 生产和销售卫生洗浴用品＊的公司"拉姆拉株式会社"销售2科
＊卫生洗浴用品：肥皂、洗发水、牙膏等保持身体清洁卫生的产品。

◆各单元的第一页

在各单元的第一页，附有与本单元2课内容相关的解释说明。通过了解日本公

司的求职和工作流程以及各环节中的注意事项，能够更深刻地理解示范会话和学习任务。

◆ 各课内容结构

示范会话

以简短的示范会话形式，展示了求职场景中与地位比自己高的人之间的会话，以及在公司的各种工作场景中的会话等。配有 CD 光盘，便于练习听力或者做跟读练习。也可以从网站上下载该音频文件或者在线收听。
https://www.3anet.co.jp/np/books/4018/

句型和惯用表达方式

此处列举了在完成本课学习任务中会用到的句型和惯用表达方式，以及容易用错的词汇等，并附有例句。另外为了方便学习者练习使用，还设置了选词填空和完成句子等形式的练习题。

练习题的答案样例

书后附有选词填空练习的答案和完成句子练习的答案样例。

学习任务

本书重视训练学习者的口头表达能力，每一课的学习任务 1 和 2 都设置为分角色表演练习形式。学习任务 1 是接近于示范会话的形式，学习任务 2 中稍微添加了实际应用的内容。通过设置难易程度各异的分角色表演练习，希望学习者能够掌握会话能力，应用在实际的商务活动中。另外，分角色表演练习中，角色卡片 A 设定为首先开口说话的人。

学习任务 3 各课内容设置不同。例如，完成一篇自我介绍内容等的写作任务，举行一场关于销售策略等的讨论会，设置难度更大的分角色表演等等。设置这些学习任务都是为了培养各种商务活动中必须具备的能力。

在学习任务的答题要求前面标有相应的图标，以便于学习者能够马上了解练习内容。

2 个人完成的学习任务（分角色表演）

👥 3个人以上完成的学习任务（讨论等）

✏️ 写作学习任务

👤 延伸思考学习任务

◆各单元的最后一页

在每个单元的最后一页，以个案研究的形式，附有希望各位有意愿在日本公司就职的人思考的问题。该板块的设计意图是帮助学习者理解异国文化，同时能够系统地、条理清晰地阐述自己的观点。反思自己的过去，认真思考，这样可以帮助自己在日本顺利就职。

Cấu trúc của quyển sách này

◆ **Cấu trúc tổng thể**

Quyển sách này được cấu thành từ 7 đơn vị (Unit). Tổng thể là một câu chuyện hoàn chỉnh, 3 Unit ở nửa đầu là tình huống chuẩn bị cho hoạt động tìm việc làm cho đến tình huống thử việc, 4 Unit ở nửa sau là tình huống ở giai đoạn đầu sau khi vào công ty làm việc. Mỗi Unit có 2 bài, ứng với mỗi bài sẽ có 3 bài tập tập trung về mẫu hội thoại, luyện tập mẫu câu/ cách thể hiện, nhập vai.

Với cấu trúc như thế này, các bạn có thể nắm bắt được quá trình tìm việc làm bao gồm cả việc thực tập cho đến phỏng vấn việc làm và quá trình làm việc ở giai đoạn ban đầu sau khi vào công ty làm việc, v.v... có thể học được kỹ năng giao tiếp cần thiết trong các tình huống kinh doanh.

◆ **Nhân vật xuất hiện**

Nhân vật xuất hiện chính trong câu chuyện là sinh viên nam người Việt Nam[1] và sinh viên nữ người Trung Quốc[2] đang theo học đại học tại Nhật Bản. Từ tình huống 2 người trải qua quá trình tìm việc làm cho đến tình huống mỗi người vào mỗi công ty khác nhau để làm việc, và tình huống công việc trong vài tháng sau khi vào công ty làm việc được trình bày theo trục thời gian.

1. Nguyễn Văn Cường (người Việt Nam)

    Sau khi theo học 1 năm rưỡi tại trường tiếng Nhật ở Tokyo đã nhập học và tốt nghiệp Khoa kinh tế của Trường đại học Dongseo

    Nơi làm việc: Bộ phận kinh doanh quốc tế của Công ty bán hàng trực tuyến "Net Park Co., Ltd."

2. Huang Chunmei (người Trung Quốc)

    Từ thuở nhỏ đã thân thiết với các truyện tranh, phim hoạt hình của Nhật Bản, đã tự mình học tiếng Nhật từ thời còn là học sinh trung học phổ thông

Nhập học và tốt nghiệp Khoa truyền thông quốc tế của Trường đại học Dongseo

Nơi làm việc: Phòng kinh doanh số 2 của Công ty sản xuất và buôn bán sản phẩm vệ sinh cá nhân＊"Ramura Co., Ltd."

＊Sản phẩm vệ sinh cá nhân: những sản phẩm dùng để giữ cơ thể sạch sẽ như xà phòng, dầu gội đầu, kem đánh răng, v.v..

◆ **Trang đầu của Unit**

Phần đầu của mỗi Unit có giải thích liên quan đến 2 bài của Unit đó. Có thể biết được hoạt động tìm việc làm tại Nhật Bản, quy trình làm việc tại công ty cũng như các điểm lưu ý, có thể hiểu thấu đáo về các mẫu hội thoại cũng như các bài tập.

◆ **Cấu trúc mỗi bài**

Hội thoại mẫu

Có trình bày các mẫu hội thoại ngắn như hội thoại với người trên ở các tình huống tìm việc làm hay hội thoại trong nhiều tình huống ở công ty, v.v... Có đính kèm CD ghi âm dùng để luyện tập nghe và shadowing (nghe và lặp lại). Bạn cũng có thể nghe âm thanh của cuốn giáo trình này từ website.

https://www.3anet.co.jp/np/books/4018/

Mẫu câu/ cách thể hiện

Có trình bày mẫu câu/ cách thể hiện, từ vựng dễ nhầm, v.v.. cùng với các câu ví dụ rất có ích cho việc hoàn thành các bài tập của bài đó. Ngoài ra, có kèm các bài tập chọn từ hay bài tập hoàn thiện các mẫu câu ngắn để luyện tập sử dụng các cách thể hiện đó.

Mẫu đáp án bài tập thực hành

Có đáp án chính xác đối với các bài tập chọn từ và đáp án mẫu đối với các bài tập hoàn thiện các mẫu câu ngắn.

Bài tập

Tập trung đào tạo kỹ năng nói, bài tập 1 và bài tập 2 ở mỗi bài đều là phần nhập vai.

Bài tập 1 là phần nhập vai gần giống với mẫu hội thoại, bài tập 2 là phần nhập vai có thêm vào một chút ứng dụng. Với mục đích là học kỹ năng đàm thoại trong hoạt động kinh doanh thực tế qua việc nhập vai ở các mức độ khó dễ khác nhau. Ngoài ra, khi nhập vai, thẻ điểm danh A là thẻ được thiết lập sẽ là người sẽ nói trước.

Bài tập 3 sẽ có các dạng khác nhau tùy thuộc vào mỗi bài. Ví dụ, bài tập viết câu tự giới thiệu bản thân, v.v... hay thảo luận chiến lược bán hàng, v.v... hay các nhập vai khó, v.v... Các bài tập này nhằm mục đích đào tạo kỹ năng cần thiết trong nhiều tình huống kinh doanh.

Trước các câu chỉ thị yêu cầu của bài tập có kèm biểu tượng để có thể dễ dàng hiểu được nội dung bên trong.

- Bài tập thực hiện bởi 2 người (nhập vai)
- Bài tập thực hiện từ 3 người trở lên (thảo luận, v.v...)
- Bài tập viết
- Bài tập nghĩ

◆ **Trang cuối của Unit**

Phần cuối cùng của mỗi Unit có trình bày phương pháp học theo tình huống cụ thể đối với những vấn đề mong muốn những bạn có nguyện vọng làm việc trong các doanh nghiệp Nhật Bản phải suy nghĩ đến. Mục đích nhằm khuyến khích các bạn hiểu được các nền văn hóa khác nhau và bày tỏ ý kiến bản thân mình một cách logic. Nhìn lại bản thân và mang trong mình một ý tưởng vững chắc sẽ giúp cho hoạt động tìm việc làm tại Nhật Bản được suôn sẻ.

モデル会話の内容

★グエンさんと黄春梅さんが就職活動を始めてから、入社数か月後に仕事に慣れるまで

就活編

Unit 1 就活(就職活動)の準備

- **1課 インターンシップ情報を得る**
  大学のキャリアセンターでインターンシップについて聞く
- **2課 インターンシップに応募する**
  大学のキャリアセンターで自己ピーアールの書き方の指導を受ける

Unit 2 インターンシップ

- **3課 インターンシップに参加する−1**
  短期インターンシップで講義を受ける
- **4課 インターンシップに参加する−2**
  インターンシップで簡単な仕事をする

Unit 3 就職の面接

- **5課 面接を受ける−1**
  就職面接で試験官の質問に答える：自己ピーアール
- **6課 面接を受ける−2**
  就職面接で試験官の質問に答える：日本語を勉強したきっかけ

新入社員編

Unit 4 初めての仕事

- **7課 報告書を書く**
  研修報告書を書き、先輩からアドバイスをもらう
- **8課 データをまとめる**
  調査のデータを期日までに作成する

Unit 5 電話対応

- **9課 電話を取り次ぐ**
  聞き取れない名前に対処する
- **10課 伝言を受ける**
  相手の伝言を正確に聞く

Unit 6 社外の交渉

- **11課 アポを取る**
  取引先訪問のアポを取る
- **12課 謝罪をする**
  メール送付先を間違え謝る

Unit 7 社内の交渉

- **13課 誘いを断る**
  上司の誘いを断る
- **14課 許可を得る**
  早退の許可を得る

About the model conversations

★ The conversations cover the time from when Mr. Nguyen Van Cuong and Ms. Huang Chunmei commence their job-hunting activities to several months after they gain employment and begin to get used to their work duties.

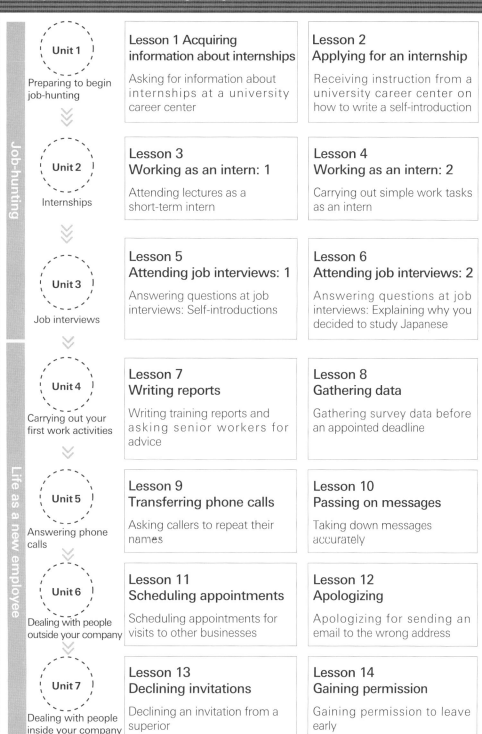

Job-hunting

Unit 1 Preparing to begin job-hunting

- **Lesson 1 Acquiring information about internships**
  Asking for information about internships at a university career center
- **Lesson 2 Applying for an internship**
  Receiving instruction from a university career center on how to write a self-introduction

Unit 2 Internships

- **Lesson 3 Working as an intern: 1**
  Attending lectures as a short-term intern
- **Lesson 4 Working as an intern: 2**
  Carrying out simple work tasks as an intern

Unit 3 Job interviews

- **Lesson 5 Attending job interviews: 1**
  Answering questions at job interviews: Self-introductions
- **Lesson 6 Attending job interviews: 2**
  Answering questions at job interviews: Explaining why you decided to study Japanese

Life as a new employee

Unit 4 Carrying out your first work activities

- **Lesson 7 Writing reports**
  Writing training reports and asking senior workers for advice
- **Lesson 8 Gathering data**
  Gathering survey data before an appointed deadline

Unit 5 Answering phone calls

- **Lesson 9 Transferring phone calls**
  Asking callers to repeat their names
- **Lesson 10 Passing on messages**
  Taking down messages accurately

Unit 6 Dealing with people outside your company

- **Lesson 11 Scheduling appointments**
  Scheduling appointments for visits to other businesses
- **Lesson 12 Apologizing**
  Apologizing for sending an email to the wrong address

Unit 7 Dealing with people inside your company

- **Lesson 13 Declining invitations**
  Declining an invitation from a superior
- **Lesson 14 Gaining permission**
  Gaining permission to leave early

示范会话的内容

★从阮文强和黄春梅开始求职到进入公司几个月后熟悉工作的一系列内容

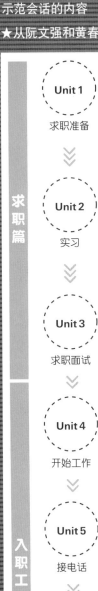

求职篇

Unit 1 求职准备
- 第1课 收集实习信息
  去校内就业中心咨询实习相关信息
- 第2课 报名实习
  在校内就业中心学习如何写自我推荐

Unit 2 实习
- 第3课 参加实习-1
  在短期实习期间接受讲座
- 第4课 参加实习-2
  在实习期间学做简单的工作

Unit 3 求职面试
- 第5课 面试-1
  回答面试官的提问：自我推荐介绍
- 第6课 面试-2
  回答面试官的提问：为什么会学习日语的契机

入职工作篇

Unit 4 开始工作
- 第7课 写报告
  写培训报告，听取老同事的建议
- 第8课 整理数据
  在规定时间内整理调查数据

Unit 5 接电话
- 第9课 转接电话
  确认对方姓名
- 第10课 转告
  准确听取转告电话内容

Unit 6 与其他公司交涉
- 第11课 预约
  预约拜访客户
- 第12课 道歉
  因电子邮件地址错误道歉

Unit 7 公司内部沟通
- 第13课 婉拒
  婉拒上司的邀请
- 第14课 获得许可
  申请早退

Nội dung hội thoại mẫu

★ Từ khi anh Nguyễn và chị Huang Chunmei bắt đầu tìm việc làm cho đến khi làm quen với công việc được vài tháng sau khi vào công ty

本書で教える先生方へ

　学習者の日本語能力レベルやクラスサイズによってさまざまな使い方ができます。基本的には、大学の授業回数に合わせ、週1回(90分)、前期・後期各15回、1年間のクラス学習を想定していますが、タスク3とUnitごとのケーススタディの話し合いにかける時間によって、全体の所要時間が変わってきます。次の授業展開例を参考に、各教育現場の状況に合わせて工夫してください。

時間	テキスト該当部分	学習者がすること	教師がすること
授業前（予習）	（Unit説明） ・モデル会話 ・文型・表現 ・タスク	（・各Unitの冒頭ページの説明文を読む。） ・音声ファイル/CDを聞いて、会話の内容を理解する。 ・＜文型・表現＞を読み、問題を解く。 ・タスク1、2を読み、内容を理解する。	
2分	導入		学習する課の内容が「モデル会話の内容(018)」のどの部分に該当するか確認する。
5分	モデル会話		モデル会話の流れと内容を確認する。
10分	文型・表現	不明点、疑問点をクラス全員で考える。	・その課の重要文型・表現を確認する。 ・練習問題をクラス内で確認する。（学習者のレベルに応じて必要な部分を取り上げる）
8分	モデル会話	・音声ファイル/CDを聞き、モデル会話の流れと表現を再確認する。リピート、シャドーイング練習を行う。 ・グループ単位で役割に分かれ、発話練習を行う。	・拍、アクセント、イントネーション、スピード、間の取り方などを意識させる。 ・クラスを2つのグループに分け、それぞれ役割に分かれ発話練習をさせる。会話がスムーズに再生できない場合は、さらにペアで練習してもよい。
15分	タスク1	・タスクを行う前に不明点、疑問点を明確にする。 ・ペア練習（役を交代しながら）	・タスクを理解しているか内容を確認する。 ・教室内を回りながら、練習状況を見守る。タスクの状況を理解しないで練習を進めていたり、表現を適切に使っていないペアにはアドバイスをする。
	タスク1の発表	数組 ペア練習とは違う組み合わせで行う。	発表は、ペア練習とは違う組み合わせで行うよう指示する。基本表現ができているか、発表者の発話が噛み合っていたかについて、学生からコメントを求め気付きを促す。

時間			
20分	タスク2	・タスクを行う前に不明点、疑問点を明確にする。 ・ペア練習（役を交代しながら）	・タスクを理解しているか内容を確認する。 ・教室内を回りながら、練習状況を見守る。タスクの状況を理解しないで練習を進めていたり、会話の展開に行き詰まっているペアには再度タスクの内容を確認させ、どのような発話がいいのか気付かせるようアドバイスする。
	タスク2の発表	数組 ペア練習とは違う組み合わせで行う。	発表は、ペア練習とは違う組み合わせで行うよう指示する。タスク2は応用の部分が多いので、様々な会話展開が出てくる可能性がある。教師は①会話展開の適切さ、②表現の適切さについてコメントする。また学生からの意見を聞き出し、会話展開の多様性に気付かせる。
5分	まとめ		
20分	タスク3	・タスクを行う前に不明点、疑問点を明確にする。 ・タスクの指示に従って、個人またはグループ作業を行う。	・タスクのポイントを確認する。 ＊「書くタスク」は、時間をかけて取り組ませる場合や学生にレベル差がある場合は、宿題にし、要点のみをクラスで扱う。
5分	まとめ		
授業後		・音声ファイル/CDを聞き音読練習をする。拍、イントネーション、スピード、間の取り方などを意識し、滑らかに発話できるように練習を重ねる。 ・自然な発音を身に付けるために、毎日シャドーイングをする。 ・（必要に応じて）文法などの正確さを確認するために、タスク1、2のロールプレイの会話を書いてみる。 ・（必要に応じて）タスク3については、必要な場合は教師のコメントを基に、できなかった部分を確認し、復習する。	

各2課ごとの「ケーススタディ」については、本文の内容を理解し、質問に答えてくることを宿題とする。授業では内容を簡単に確認し、その後ディスカッションを行う。時間は学生のレベルや関心により20分から50分。

当社ウェブサイトに補助教材があります。ダウンロードしてお使いください。

https://www.3anet.co.jp/np/books/4018/

・ワークシート（PDF、Word）

　1課　性格を表す言葉の学習、自分史を書く、待遇表現の学習、確認テスト

　6課　自己分析、メールの基本

　9課　ビジネスで使う言葉、待遇表現の復習

・会話作成シート（PDF、Word）

Unit1

就活（就職活動*）の準備

1課　インターンシップ情報を得る
2課　インターンシップに応募する

ケーススタディ1
カラスの集団？　就活ルックって？

日本では大学3年生になると就活を始めます。どの段階でどのような試験を行うかは企業によって違いますが、学生を採用*するまでの流れはほとんど同じです。

採用に当たって、多くの企業は留学生と日本人学生を区別しないので、留学生も同じ試験を受けます。最初に説明会に参加し、エントリーシートを提出します。エントリーシートが選考を通ったら、筆記試験や面接試験を受けることができます。

エントリーシートは、自分の長所・短所、自分の強み、学生時代にがんばったことなど「自己ピーアール」を書く部分と、「志望動機（その企業に就職を希望する理由）」を書く部分に分かれています。

「自己ピーアール」を書くためには、自分の性格、好きなことなどについて考える必要があります。

「志望動機」には、同じような会社がたくさんある中でどうして「この」会社を選ぶのか、その理由をはっきり書かなければなりません。そのためには就職したい会社が具体的に何をしているのか、どのくらい利益をあげているのか、将来どのようなことをしようとしているか詳しく分析する必要があります。

企業は、採用を決定するまで時間をかけて、その学生が会社にとって必要な人材かどうかをチェックします。面接はエントリーシートの内容に基づいて行われます。ですから、よく考えて自分の言葉で書くことが非常に重要です。

自己ピーアールや志望動機を相手に読んでもらうためには、どのようなことに気をつければいいでしょうか。

*就職活動: 企業に就職するために準備をすること
　採用　　：人を雇うこと

1課　インターンシップ情報を得る

モデル会話　🔊 01

グエンは、大学のキャリアセンター*のカウンターで、インターンシップ*についての情報を得る。

グエン………すみません。
あのー、ちょっと伺いたいんですが、インターンシップは参加したほうがいいんですか。

担当者………そうですね。
会社の仕事を知ることができますから、なるべく参加したほうがいいですね。

グエン………わかりました。

担当者………じゃ、応募したい会社が決まったら、エントリーシートを提出してください。
エントリーシートが通ったら、面接があります。

グエン………今、「エントリーシートが通ったら」とおっしゃいましたが、インターンシップで落ちることがあるんですか。

担当者………はい。
インターンシップだからといって、よく考えて書かないと、落ちます。気をつけてください。

グエン………えっ、本当ですか。

担当者………はい。
今から自分の性格や好きなことや将来したいことについて、よく考えておいてください。
これをしておくと、本番の*就職試験のときに役に立ちますよ。

じゃあ、これに記入してください。

グエン………はい、わかりました。

いろいろ教えていただき、ありがとうございました。

*キャリアセンター：大学で就職について相談をするところ
インターンシップ：学生が職場で仕事の体験をする制度
本番の　　　　　：練習ではなく、本当の

文型・表現

1｜ちょっと〜んですが、〜

例文

(1) ちょっと伺いたいんですが、応募書類はいつまでに提出すればいいんですか。
(2) ちょっと教えていただきたいんですが、インターンシップに参加するために履修し*なければならない授業がありますか。
(3) ちょっと確認したいんですが、ここには大学名だけ書けばいいですか。

　　*履修する：大学などで科目を登録し、学習して単位を取る

問題 (1) から (3) の言葉を使って、文を完成させなさい。（必要な場合は丁寧な表現にしなさい。）

(1) 聞きたい　　　ちょっとお話を_____が、
　　　　　　　　今、お時間ありますか。
(2) 教えてほしい　この書類について、ちょっと_____が、
　　　　　　　　職歴*はどうやって書けばいいんですか。
(3) 電話したい　　大阪支店にちょっと_____が、
　　　　　　　　番号がわかりますか。

　　*職歴：今までやった仕事についての情報

2 ～とおっしゃいましたが、～か

例文

（1）今、今日中にとおっしゃいましたが、7時過ぎでも大丈夫ですか。

（2）先ほど、ネットから申し込む必要があるとおっしゃいましたが、いつまでに申し込めばいいですか。

（3）お話の中で、面接が大切だとおっしゃいましたが、どんなことに気をつければいいですか。

問題 文を完成させなさい。

（1）今、身分証明書が必要とおっしゃいましたが、＿＿＿＿＿＿＿＿＿＿＿＿か。

（2）なるべく早くとおっしゃいましたが、＿＿＿＿＿＿＿＿＿＿＿＿か。

（3）社内では日本語禁止とおっしゃいましたが、＿＿＿＿＿＿＿＿＿＿＿＿か。

---

3 ～からといって、～と、～

例文

（1）夏休みだからといって、遊んでばかりいると、後期の授業で困りますよ。

（2）話すのが苦手だからといって、授業で発言しないと、いつになっても上手にならないと思います。

（3）ダイエットしているからといって、そんなに少ししか食べないと、体によくないですよ。

問題 文を完成させなさい。

（1）宿題がないからといって、復習しないと、＿＿＿＿＿＿＿＿＿＿＿＿。

（2）お金がないからといって、アルバイトばかりしていると、＿＿＿＿＿＿＿＿＿＿＿＿。

（3）暑いからといって、就活で上着を着ていかないと、＿＿＿＿＿＿＿＿＿＿＿＿。

タスク

 1 語学や資格*試験の受験について相談する

＊資格：能力があることを証明するもの

※ロールカードAが先に発話する人です。

ロールカードA（1-1）

あなたは、就職活動のために語学の試験を受けたり、資格を取ったりしたほうがいいかどうか、迷っています。

大学内のキャリアセンターに行って相談してください。

担当者の話がよくわからなかったら、内容を確認して、さらに質問をしてください。

ロールカードB（1-1）

あなたは、大学のキャリアセンターの職員です。

エントリーシートに書くことが多いほうがいいので、学生にはいつも語学やITスキルなどの資格を取るように勧めています。

どの試験、資格も受験のための勉強が必要なことを伝えてください。

2 インターンシップの応募項目について質問する
（下の募集の紙を見てください）

ロールカードA（1-2）

あなたは、大学2年生です。インターンシップに応募したいと思っています。キャリアセンターにAGGオンラインの学生インターン募集の紙が貼ってありました。

その情報を見て、キャリアセンターの担当者に募集内容の確認や質問をしてください。

例：どんな会社？　どんな仕事？　ITに強い？　若干名？　IT資格？

ロールカードB（1-2）

あなたは、大学のキャリアセンターの職員です。

学生インターンの募集について、学生の質問を聞いて、答えてください。

募集の紙に書いていないことを質問されたら、答えを自分で考えてください。

例（IT資格）：ITパスポート、基本情報技術者、応用情報技術者

＝WEBに興味のある学生、ITに強い学生インターン募集＝

AGGオンラインは、ネットゲームを開発、販売している会社です。誰に、どんなゲームを、どのような形で販売するのか、企画を考えていただきます。

期間：20××年9月1日（金）～9月14日（木）、9:00～17:00

募集人数：若干名＊

応募方法：履歴書＊に応募動機を書いて、6月30日（金）までにAGGオンラインに送ってください。IT資格のある方は、資格名を書いてください。

インターンの参加費は無料です。交通費・食費は自分で負担してください。

＊若干名：1～5名くらいの場合が多い

＊履歴書：自分の名前、生年月日、住所、学歴、職歴、資格、免許などを書く用紙

3 性格を表す言葉や表現を調べて、短い文を書いてみよう

性格を表す言葉や表現	調べた言葉や表現の意味が伝わる文
例： ・明るい ・計画性がある	例： ・彼はいつも笑顔で楽しい話をしてくれます。 ・旅行に行く前にガイドブックを読んで、行くところやレストランをチェックし、スケジュール表を作るのが好きです。

2課　インターンシップに応募(おうぼ)する

モデル会話 🔊 02

　　グエンは、大学のキャリアセンターで　自己ピーアールの書き方を知る。

グエン………すみません。
担当者………はい。
グエン………インターンシップの書類を見て
　　　　　　　いただきたいんですが……。
担当者………はい。
グエン………お願いします。
担当者………（エントリーシートを見ながら）
　　　　　　　そうですね。
　　　　　　　自己ピーアールに「一度始めたことは、何でも最後までやり通(とお)して人一倍*がんばります」と書いてありますね。でも、企業の人が読んだとき、これだけでグエンさんのイメージ*がつかめると思いますか。
グエン………うーん、これじゃだめですか。
担当者………もっと具体的に書くといいですよ。
グエン………「具体的」って言うと、何を書けばいいんですか。
担当者………そうですね、自分の経験を自分の言葉でわかりやすく書けばいいんです。
グエン………そうですか。
　　　　　　　じゃ、書き直して、また来ます。
　　　　　　　ありがとうございました。

＊人一倍　：普通の人以上に
　イメージ：（この会話文では）どのような人かということ

文型・表現

1 ｜ ～て／で　いただきたいんですが……

例文
(1) すみません。荷物が届く時間をスマホに連絡していただきたいんですが……。
(2) 今度の研究会で先生に話していただきたいんですが……。
(3) タクシーを呼んでいただきたいんですが……。

> 問題　文を完成させなさい。
> (1) (大きい声で話している人に)
>   すみません。＿＿＿＿＿＿＿＿＿＿＿＿＿＿＿＿＿＿＿＿＿＿＿＿＿＿＿＿＿。
> (2) (作成した書類を見せながら)
>   これでいいかどうか＿＿＿＿＿＿＿＿＿＿＿＿＿＿＿＿＿＿＿＿＿＿＿＿＿＿。
> (3) (新商品のジュースをスーパーに売り込み*ながら)
>   ぜひ、このジュースを＿＿＿＿＿＿＿＿＿＿＿＿＿＿＿＿＿＿＿＿＿＿＿＿＿。
>   *売り込む：店に置くように強く勧める

2｜〜って言うと、〜

例文

(1) できるだけ早くって言うと、今週中ですか。

(2) どんな服装でもいいって言うと、たとえばTシャツでもいいということですか。

(3) 9時開始って言うと、遅くても8時半には行かなきゃなりませんね。

> **問題** 文を完成させなさい。
>
> (1) (エントリーシートを修正するように言われて)
>
> 　　修正するって言うと、＿＿＿＿＿＿＿＿＿＿＿＿＿＿＿＿＿＿＿＿＿＿。
>
> (2) (履歴書の形式はどんなものでもいいと言われて)
>
> 　　どんなものでもいいって言うと、＿＿＿＿＿＿＿＿＿＿＿＿＿＿＿＿＿＿。
>
> (3) (あさっての朝までに提出するようにと言われて)
>
> 　　＿＿＿＿＿＿＿＿＿＿＿＿＿＿＿＿＿、あさって、金曜日の11時でいいですか。

3｜終助詞のイントネーション (そうですね／そうですか)

> **問題** 終助詞のイントネーションに気をつけて読みなさい。
>
> (1) A: すみません。ここから東京駅に行くのに地下鉄とJRとどちらが早いかわかりますか。
>
> 　　B: そうですね。多分、地下鉄のほうが早いと思いますよ。
>
> (2) A: デザインAのほうが形がシンプル*でいいと思います。
>
> 　　　　デザインはシンプルなのが一番です。
>
> 　　B: そうですね。私もシンプルなAに賛成です。
>
> 　　C: そうですか。私は、ちょっと変わった形のデザインBのほうが好きですけど。
>
> (3) 客　：すみません。○○はありますか。
>
> 　　店員：申し訳ありません。○○は売り切れました。
>
> 　　客　：そうですか。
>
> ＊シンプル: 飾りがない、簡素な

タスク

 1　履歴書のチェックをお願いする（P.12のグエンの履歴書を見てください）

ロールカードA（2-1）

あなたは、大学2年生のグエンです。インターンシップに応募する履歴書を書きました。

大学のキャリアセンターの担当者にチェックしてもらってください。

アドバイス*に対して、自分の言葉で言い換えて、その内容を確認してください。

また、「職歴」の意味がよくわからないので、確認をしてください。

*アドバイス：こうしたほうがいい、こうしないほうがいいなどということ

ロールカードB（2-1）

あなたは、大学のキャリアセンターの職員です。学生の履歴書をチェックしてください。

不適切な点は3点です。1点ずつ学生の考えを確かめながら、改善のためのアドバイス*をしてください。

（1）学歴が小学校から書いてある ⇒ 普通は中学卒業から書く

（2）間違えたところを修正ペンで消して書き直してある ⇒ もう一度書き直す

（3）職歴にアルバイト経験が書いてある ⇒ アルバイトは職歴に入らない

*アドバイス：こうしたほうがいい、こうしないほうがいいなどということ

グエンの履歴書

履 歴 書			20XX 年 5 月 15 日現在	
ふりがな 氏 名	グエン・ヴァン・クォン			
	19XX 年 6 月 1 日生（満 20 歳）		※ ㊚・女	写真をはる位置 写真をはる必要がある場合 1. 縦 36〜40mm 　横 24〜30mm 2. 本人単身胸から上 3. 裏面のりづけ
ふりがな 現住所	とうきょうと △△く ○○ちょう 〒XXX-XXXX 東京都 △△区○○町 2丁目3番10の402		電話 090-1234-567X	

年	月	学歴・職歴（各別にまとめて書く）
		学　　歴
20XX	5	ベトナム・ホーチミン 小学校卒業
20XX	5	ベトナム・ホーチミン 中学校卒業
20XX	5	ベトナム・ホーチミン 高校卒業
20XX	3	ジャパン日本語学校卒業
20XX	4	東西大学 経済 学部入学
		職　　歴
20XX	9	ベトナム料理店でアルバイト
20XX	6	コンビニ AZ ストアでアルバイト

年	月	免許・資格
20XX	2	日本語能力試験 N2 合格

自己PR
省略

志望の動機
省略

 2　インターンシップの志望動機の書き方について相談する

ロールカードA（2-2）

あなたは、大学2年生です。インターンシップ応募のためのエントリーシートに、志望動機をどう書いたらいいか、よくわかりません。

大学のキャリアセンターに行って、相談してください。

担当者のアドバイスをよく聞いて、その内容を確認してから、さらに質問をしてください。

応募したい仕事は自分で考えて決めてください。

ロールカードB（2-2）

あなたは、大学のキャリアセンターの職員です。
エントリーシートの志望動機の書き方について、その会社に応募する理由、今勉強していることとその仕事の関連、これまでの経験などを聞いて、アドバイスをしてください。

3 学生時代に取り組んだことを自己ピーアール文に書こう

（1）次の2つの自己ピーアール文を読んで、違いについて話し合ってみよう

A

私の長所はチャレンジ精神があることです。留学生にとって、日本語力をつけることはとても大事だと思い、たくさん努力をしました。授業で一生懸命勉強しました。毎日毎日、何時間もがんばりました。人見知り＊ですが、それを直したくて留学生スピーチコンテストにも出場しました。たくさん練習してがんばり、入賞しました。それから友達ができました。今も、毎日がんばって勉強しています。努力はとても大切だと思います。日本語の力を使ってこれからも活躍したいです。

＊人見知り：初めて会った人となかなか話ができないこと

B

私の長所はチャレンジ精神があることです。留学生にとって、日本語力をつけることはとても大事だと思い、たくさん努力をしました。授業でわからないときは質問をし、ディスカッションではがんばって意見を言いました。人見知りでなかなか日本人に話しかけられなかったので、勇気を出して大学のスピーチコンテストに出場し、「人見知りを直したい」とスピーチしました。大勢の人の前で日本語で話すのは初めての体験でどきどきしましたが、入賞することができました。スピーチの後、日本人の学生から声をかけられることが多くなって、そこからたくさんの友達ができました。どんなことでも、チャレンジし続ければ、結果が出せることがわかりました。

（2）Bを参考にして自己ピーアール文を書こう

〈自己ピーアール〉

〈書くときのアドバイス〉

1. 最初に一番重要なことを書く（例：私の長所／強みは〜ことです／という点です）
2. 長所、強みがわかるような経験をできるだけ具体的に書く
3. 短所をどうやって直したかを入れてもよい
4. 経験からどんなことがわかったかを書く

ケーススタディ1　カラスの集団？　就活ルックって？

ある日、大学1年生のサラさんは、大学のキャンパスでたくさんの学生が白いワイシャツ、黒いスーツを着て、黒いかばんを持って歩いているのに気が付きました。遠くから見ると、まるでカラスの集団のようです。その中の一人がサラさんに近づいてきました。ボランティア仲間の3年生の由香さんでした。サラさんは「どうしてみなさん黒いスーツなんですか」と聞きました。由香さんは「これは就活ルック、つまり就職活動のための制服かな。今日から就活が始まるの。地味な*スーツなら黒じゃなくてもいいんだけど、周りの人が黒で、自分だけが違う色だと、なんか落ち着かないしね」と言いました。

サラさんは「卒業は1年以上先なのに、そんなに早くから就職活動しないといけないんですか」と聞きました。由香さんは「うん、採用の面接を受けるためには、会社説明会に参加して、エントリーシートを出さないといけないの。すぐに就職が決まればラッキーなんだけど、そんなに簡単じゃないから、いくつも会社を受けなければならないの。早くから活動しないと大変なんだ。もし日本で就職しようと考えていたら、サラさんも今のうちにいろいろやっておいたほうがいいよ」と言って大学の門を出て行きました。

サラさんも卒業したら日本の企業に就職したいと考えています。由香さんの話を聞いてびっくりしました。でもサラさんは由香さんの言った「いろいろ」が何なのかよくわかりませんでした。

＊地味な：目立たない

1. あなたは由香さんの就活ルックについての考えをどう思いますか。

2. 面接に自由な服装で来てくださいと言われたら、どのような服装で行きますか。

3. 由香さんの言った「いろいろ」とはどんなことだと思いますか。

4. あなたの国の就職活動は日本と同じですか、違いますか。

Unit2

インターンシップ

3課　インターンシップに参加する－1
4課　インターンシップに参加する－2

ケーススタディ2
「ほうれんそう」って必要？

　日本では多くの会社がインターンシップを行っています。多くの場合は1～2日の短期です。会社によっては、1～2週間の長期で学生に実際の仕事を体験させることもあります。短期のインターンシップは、社員による講義、グループワークが中心です。長期インターンシップの場合は社員と同じように働きます。
　インターンシップに参加するメリットは会社の雰囲気を体験できることです。長期のインターンシップでは、仕事以外の場で日本人が同僚とどのように付き合っているのかを知ることもできます。また、自分がこの業界*、会社に向いているのかといったことを考える機会にもなります。
　グエンさんは、短期のインターンシップに参加し、会社の内容、ビジネスモデルなどの講義を聞いて、仕事のイメージがつかめてきたようです。一方、黄春梅さんは長期のインターンシップに参加し、社員の仕事をサポートするためのコピーや書類の整理を行っています。社内で仕事をしたおかげで、実際に社員がどのように仕事をしていくのかを理解したようです。
　いくつか質問をするときには、どう言ったら相手が答えやすいでしょうか。
　頼まれた資料のコピーを取るときは、どのようなことに気を利かせる*といいでしょうか。

*業界　　　　：同じ商品やサービスを扱っている会社の集まり
　　　　　　　（例）ホテル業界、自動車業界、IT業界
　気を利かせる：そのときの状況から何をしたらいいか考え、行動する

3課　インターンシップに参加する－1

モデル会話 03

　グエンは、ある企業の短期インターンシップに参加し、会社の概要*、経営方針*、海外進出計画などについての説明を受け、質問をする。

担当者……今までのところで何か質問がありますか。

グエン……(手を挙げる) 詳しいお話、ありがとうございました。質問が2点あります。

担当者……はい、どうぞ。

グエン……1点目は、海外進出計画についてです。ベトナム、タイ以外に、どこかほかの国をターゲット*に考えていらっしゃいますか。その場合は、どこか教えていただけますか。

2点目は、海外展開は、早い時点で現地化する計画だとおっしゃいましたが、これは現地の人をトップに置くと理解していいのでしょうか。

担当者……はい、1点目の進出計画ですが、現時点ではベトナム、タイのほかに、ミャンマー、ラオス、それにインドを考えております。

2点目の現地化については、おっしゃる通りです。現地化は海外展開において非常に重要だと考えています。

グエン……ありがとうございます。

　*会社の概要：会社の歴史や何をしているかなどの基本情報
　　経営方針　：会社を経営していくための目標
　　ターゲット：対象、target

文型・表現

1 ｜ 〜が＋〈数を表す言葉〉＋あります／います

例文

（1）今のお話で、伺（うかが）いたいことが3点あります。

（2）大学生のうちに、実現したいことが2つあります。

（3）うちの店はアルバイト学生が3人います。

> **問題** 数を表す言葉の位置に気をつけて、文を完成させなさい。
>
> （1）（3か所、理解できませんでした）
> ＿＿＿＿＿＿＿＿＿＿＿＿＿＿＿＿＿＿＿＿＿＿＿＿＿＿＿＿＿あります。
>
> （2）（課長に一度注意されました）
> ＿＿＿＿＿＿＿＿＿＿＿＿＿＿＿＿＿＿＿＿＿＿＿＿＿＿＿＿＿あります。
>
> （3）（10人の学生がベトナム語を勉強しています）
> ＿＿＿＿＿＿＿＿＿＿＿＿＿＿＿＿＿＿＿＿＿＿＿＿＿＿＿＿＿います。

2 ｜ 〜ていらっしゃいますか

例文

（1）どのような人材を採用（さいよう）しようと考えていらっしゃいますか。

（2）いつごろご旅行を予定していらっしゃいますか。

（3）どちらのホテルに泊まっていらっしゃいますか。

> **問題** 文を完成させなさい。
>
> （1）（お客様に今度の旅行にどのくらいの予算を考えているかを聞く）
> ＿＿＿＿＿＿＿＿＿＿＿＿＿＿＿＿＿＿＿＿＿＿＿＿＿＿＿＿＿＿。
>
> （2）（取引先（とりひきさき）の人にどのメーカーのパソコンを使っているかを聞く）
> ＿＿＿＿＿＿＿＿＿＿＿＿＿＿＿＿＿＿＿＿＿＿＿＿＿＿＿＿＿＿。
>
> （3）（音楽が趣味だという部長にどんな音楽を聞いているかを聞く）
> いつも＿＿＿＿＿＿＿＿＿＿＿＿＿＿＿＿＿＿＿＿＿＿＿＿＿＿＿。

3 | 〜ていただけますか

例文

（1）自己ピーアールをどのように書けばいいか、教えていただけますか。

（2）ホテル業界に興味があるので、この会社の資料を見せていただけますか。

（3）御社*のビジネスモデルについて、もう一度説明していただけますか。

　　＊御社:「あなたの会社」の尊敬語。話すときに使う。

問題　文を完成させなさい。

（1）（インターンシップの日程が決まったら、連絡してほしいとお願いする）

　　インターンシップの日程が決まったら、＿＿＿＿＿＿＿＿＿＿＿＿＿＿＿＿＿＿＿＿。

（2）（書類の提出期限がいつなのか、教えてほしいとお願いする）

　　書類の提出期限がいつなのか、＿＿＿＿＿＿＿＿＿＿＿＿＿＿＿＿＿＿＿＿＿＿＿。

（3）（授業で使うので、パソコンを貸してほしいとお願いする）

　　授業で使うので、パソコンを＿＿＿＿＿＿＿＿＿＿＿＿＿＿＿＿＿＿＿＿＿＿＿。

タスク

 1 従業員満足についての講義を聞いて質問する

ロールカードA（3-1）

あなたは、ホテルチェーン*を展開している「ミサワヤ グループ」の社員です。インターンシップの学生たちに、「ES（従業員満足）無くして、CS（顧客満足）無し」を大切にしているという話をしました。説明が終わり質問時間になったことを伝えてください。

質問が出たら、以下を参考にして答えてください。

・従業員が会社に対して満足していないと、お客さんが喜ぶサービスはできない。

・従業員満足を高める例：従業員同士の信頼関係、公平な評価、給料、楽しいイベント

*ホテルチェーン：同じ会社がいくつものホテルを経営すること

ロールカードB（3-1）

あなたは、ホテルチェーン*を展開している「ミサワヤ グループ」のインターンシップに参加し、会社で講義を受けています。

講義の中で「ES（従業員満足）無くして、CS（顧客満足）無し」という言葉が出てきましたが、よくわかりませんでした。また、どんなことが従業員満足を上げるか知りたいです。

質問時間になったら、手を挙げて質問を2つしてください。

*ホテルチェーン：同じ会社がいくつものホテルを経営すること

2 フリービジネスモデルの講義を聞いて質問する
　　（下の「講義内容の一部」を読んでください）

ロールカードA（3-2）

あなたは、WEBサービスを提供する会社「ククラウディー」の社員です。インターンシップで、経営戦略＊であるビジネスモデル＊の話をしました。学生たちに質問をするように言ってください。

質問の答えは自分で考えてください。答えられないときは別の担当者から回答すると伝えてください。

＊経営戦略　　　：会社が利益を上げるための方法
　ビジネスモデル：企業が利益を生み出すための仕組み

ロールカードB（3-2）

あなたは、WEBサービスを提供する会社「ククラウディー」のインターンシップに参加して、担当者の講義を聞きました。

担当者が質問をするように言ったら、自分で考えて、質問を2つしてください。

（講義内容の一部）

　次に、当社のビジネスモデルである「フリービジネスモデル」について説明します。

　最初は、クラウドストレージサービス＊を無料で提供し、もっとたくさん使いたい人には、お金を払ってもらうというビジネスモデルです。無料でサービスを提供しても、有料の利用者が5％になれば利益が出て、ビジネスになると言われています。

　シャンプーなどは、新製品のサンプルを配るのにコストがかかります。しかし、クラウドストレージサービスは最初にシステムを作れば、たくさんの人が使ってもほとんどコストはかかりません。そのためフリービジネスモデルでは、一人でも多くの人に利用してもらうことが大切です。無料のサー

ビス利用者を増やせば、有料サービスの利用者も増えるからです。

＊クラウドストレージサービス：ファイルをインターネット上にあるデータセンターに保存するサービス、cloud storage service

 3 コンビニコーヒー＊の販売戦略について以下を読み、疑問点やほかの商品の可能性について話し合ってみよう

＊コンビニコーヒー：コンビニエンスストアで売っている、その場で作るコーヒー

コンビニコーヒーの販売戦略

コンビニのコーヒーは、理想的な販売戦略と言われている。なぜそう言われているのだろうか。

コンビニでは、いれたてのコーヒーを一杯約100円で販売しているが、味もよいと評判だ。コンビニのコーヒーは、客が自分でコーヒーマシーンを使っていれる。おいしいコーヒーを安く販売できる理由は、コーヒーをいれる人を雇う費用がかからないので、よいコーヒー豆を使うことができるからだ。その結果、安くておいしいコーヒーを求めて、多くの客がコンビニに来るようになる。

しかし、コンビニに来る客はコーヒーだけを買って帰るのではない。コーヒーを買うときに、おいしそうなパンや弁当を見て、ついでに買ったりもする。実はコンビニのコーヒービジネスの目的は、コーヒー販売の利益だけではない。客がコーヒーといっしょに買う商品の売り上げが、コンビニの売り上げに大きく貢献しているのだ。

以上のような理由から、現在ではほとんどのコンビニがコーヒーを販売するようになった。このような販売戦略が、今後ほかのビジネスに広がるかもしれない。

4課　インターンシップに参加する－2

モデル会話 04

　　黄春梅は、ミケネコ通運のインターンシップに参加し、実際に仕事を行う。

社　　員……黄さん、この資料を10部ずつ昼までにコピーしてくれますか。日本語の資料は白黒、英語はカラーで。

黄春梅………はい、わかりました。両方ともクリップ止め*でいいですか。

社　　員……いや、どちらも左上をホチキス止め*にしてください。

黄春梅………はい。
日本語は白黒、英語はカラーで、どちらも左上をホチキス止めですね。
コピーが終わったら、お持ちします。

社　　員……えーっと、お客さんのところに持って行くので、封筒（ふうとう）に入れてください。

黄春梅………はい、全部まとめてですか。

社　　員……いえいえ、1部ずつです。社名入り*（い）の封筒を使ってください。

黄春梅………はい、では、1部ずつ社名入りの封筒に入れて、お持ちします。

　*クリップ止め：書類の一部をクリップで止めること
　　ホチキス止め：書類の一部をホチキスで止めること
　　社名入り　　：会社の名前が印刷してある

文型・表現

1 ｜ 〜までに

例文

（1）期末レポートは必ず金曜日の5時までに提出するようにと言われている。
（2）空港が混んでいるときは、出発の2時間前までにチェックインしたほうがよい。
（3）月末までに企画書を書かなきゃいけない。大変だあ。
cf. 語学研修の申し込みは5時まで受け付けます。希望者は5時までに書類を提出してください。

> **問題** 文を完成させなさい。
> （1）A：まだレポート、書き終わっていないの？ 大丈夫？
>   B：うん、＿＿＿＿＿＿までに＿＿＿＿＿＿＿＿＿＿。
> （2）展示会は10時開始なので、＿＿＿＿＿＿までに＿＿＿＿＿＿＿＿＿＿。
> （3）この荷物を＿＿＿＿＿＿までに＿＿＿＿＿＿＿＿＿＿。

2 ｜ 〜ですね（確認）

例文

（1）赤いセーターが5箱、白いセーターが7箱ですね。
（2）集合時間は9時半ですね。
（3）ミーティングは16時から、5階のA会議室ですね。

> **問題** 文を完成させなさい。
> （1）A：この資料を5部ずつコピーして、会議室に持って行ってください。
>   B：はい。＿＿＿＿＿＿＿＿＿＿＿＿＿＿＿＿＿＿＿＿。
> （2）A：インターンシップの申し込みは、今週の金曜日、17時まで受け付けます。
>   B：わかりました。＿＿＿＿＿＿＿＿＿＿＿＿＿＿＿＿。
> （3）A：この書類を人事部の田中さんに渡してください。
>   B：はい。＿＿＿＿＿＿＿＿＿＿＿＿＿＿＿＿＿＿＿＿。

3｜お～する

例文

(1) 順番が来たら、お呼びします。

(2) お荷物を部屋までお運びします。

(3) お借りした本は今週中にお返しします。

問題 文を完成させなさい。

(1) 上司：北海道はどうでしたか。
　　部下：とてもよかったです。今度、写真を＿＿＿＿＿＿＿＿＿＿＿。

(2) 客　：これ、自宅に送ってくれますか。
　　店員：承知しました＊。ご自宅に＿＿＿＿＿＿＿＿＿＿＿。

(3) 客　：すみません。荷物を預けたいんですが、近くにコインロッカー、ありますか。
　　店員：この辺はコインロッカーが少ないので、よろしければ、こちらで＿＿＿＿＿＿＿＿＿＿＿か。

＊承知しました：「わかりました」の謙譲語

タスク

 1　書類を整理する

ロールカードA（4-1）

あなたは、平成製菓でインターンシップをしています。

お客様からのコメントシート*を整理するように言われました。

コメントシートには商品名と日付が書いてあります。

以下の点について確認してください。

・商品別にするのか

・日付は新しいものを一番上にするのか

＊コメントシート：感想や意見を書く紙

ロールカードB（4-1）

あなたは、お菓子を製造販売している平成製菓の社員です。

インターンシップに来ている学生にお客様からのコメントシート*を整理するように指示しました。

学生からの質問に答えてください。

質問に答えた後、会議で参考資料にするので、6人分コピーするように言ってください。

＊コメントシート：感想や意見を書く紙

2 見本市*でパンフレットを並べる

＊見本市：企業が宣伝のために新しい商品などを紹介するイベント

ロールカードA（4-2）

あなたは、ペット用品の製造販売会社「モフモ」の課長です。

今日から3日間ペット用品の見本市があり、今、会場のブース*で商品やパンフレットを並べる準備をしています。

（1）インターンシップの学生にパンフレットとアンケート用紙を、机の上に並べるように言ってください。

（2）インターンシップの学生からの質問に答えてください。

＊ブース：小さい空間

ロールカードB（4-2）

あなたは、ペット用品の製造販売会社「モフモ」でインターンシップをしています。

今日から3日間、ペット用品の見本市があり、今、会場で準備の手伝いをしています。

課長からの指示を聞いてください。

その後、どのように並べたらいいか質問してください。

3 封筒の書き方を知ろう

履歴書を郵送するときは縦長の封筒に入れることが多いです。

見本のように、表側に送り先、裏側に差出人（あなた）の住所と名前を縦書きにします。

送る相手が人の名前の場合は「〜様」ですが、課や係宛てに送る場合は「〜御中」とします。

また、「株式会社○○」「○○株式会社」などのように、会社名につける「株式会社」の位置を間違えると失礼になるので、気をつけましょう。

〈表〉

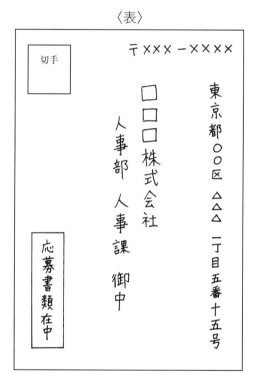

〈裏〉

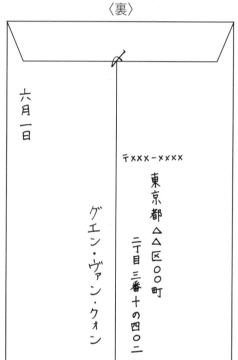

ケーススタディ2 「ほうれんそう」って必要？

シンさんは日本で大学を卒業し、1年前に日本のシステム開発*会社に入社しました。中小企業なので1年目からいろいろな仕事をしています。最近、能力が評価されZ社の教育システムの開発を担当することになりました。大学時代に長期インターンシップでシステム開発の仕事をしたこともあり、自分の能力が活かせると思い、やる気*が出てきました。

しかし、その仕事を任されたとき、上司の沢村課長が「シンさん、どこまで仕事が進んでいるかを毎日報告してください」と言いました。シンさんは、毎日報告するなんて、沢村課長は自分の能力を疑っているのかとびっくりしました。シンさんの国では、上司に何でも相談したり確認したりする人は能力がなくて、ダメな社員だと思われます。

シンさんは、大学の就職セミナーに参加したときに、日本の企業では「ほうれんそう」が大事だと言われたのを思い出しました。部下は上司に報告・連絡・相談することで社内でのコミュニケーションが活発になり仕事がうまく行くという話でした。確かに、コミュニケーションする機会は増えるかもしれませんが、社内でこれを毎日していたら時間がとてもかかります。仕事は結果を出すことのほうが重要だと思っています。

*システム開発：会社の仕事がうまく進むよう、やり方を整理したり新しく作ること
　やる気　　　：がんばろうという積極的な気持ち

1. 沢村課長が毎日報告するように言ったのはどうしてだと思いますか。

2. 「ほうれんそう（報連相）」のメリット、デメリットは何だと思いますか。

3. 「ほうれんそう（報連相）」がある企業とない企業、どちらがあなたに向いていると思いますか。それはどうしてですか。

4. 日本の多くの会社では「ほうれんそう（報連相）」が一般的です。それはどうしてだと思いますか。

Unit3

就職の面接

5課　面接を受ける－1
6課　面接を受ける－2

ケーススタディ3
私の意見は正しいのに……

面接は一般的に数回行われます。個人面接、数人の学生がいっしょに面接を受けるグループ面接など、面接の形は会社によって違います。また、最初の段階では、面接ではなくグループディスカッションを行う会社も多いです。

グループディスカッションというのは、5～6人が1つのグループになり、出されたテーマについて話し合うものです。グループディスカッションを通して、参加者のコミュニケーション力などがチェックされます。

面接では面接官はまず、お辞儀の仕方など、マナーができているかを見ます。そして、エントリーシートの内容に基づいて、いろいろな質問をします。自分の長所やしてきたことをアピールし、入社したら何ができるか、何がしたいかをはっきりと言えるように準備しましょう。また、留学生の場合は「どうして日本語を勉強したのか」、「どうして日本を留学先に選んだのか」、「どうして日本で就職したいのか」と聞かれることが多いです。質問をしっかり聞いて、適切に答えましょう。

グエンさんも黄春梅さんも面接官から日本語を勉強したきっかけについて質問されています。二人はどのように答えているでしょうか。また、志望動機を聞かれた黄春梅さんは何がしたいかをどのように話しているでしょうか。

質問にわかりやすく答えるにはどうしたらいいでしょうか。

5課　面接を受ける－1

モデル会話　05

グエンは、ネット通販*会社「ネットパーク」の就職面接で自己ピーアールをする。

面接官……簡単に自己ピーアールをしてください。

グエン………はい。

私は、目標に向かって、こつこつ進むタイプです。

漢字が苦手だったので、大学2年までに新聞の漢字を読めるようにすると目標を立てました。

それで新聞でわからなかった漢字を毎日10個ノートに書いて、読み方と意味を勉強して、2年間で3000以上新しい漢字熟語を覚えました。

今では新聞の内容も理解できるようになりました。

面接官………そうですか。

グエンさん、SPIの漢字の問題はどうでしたか。

グエン………だいたいできたと思います。

面接官………そうですね。

（書類を見ながら）よくできていますね。

＊ネット通販：実際の店を持たないでインターネットで商品を売ること

SPI（エスピーアイ）

Synthetic Personality Inventory（総合適性検査） 性格と能力をはかるテスト

性格テスト：100〜250ぐらいの質問に直感的にイエス、ノーで答える。

　例：あなたは引っ込み思案ですか
　　　あなたは一人で作業するタイプですか

事実と違う答えを書くと「虚偽性（ウソをついている）あり」と判定されるので正直に答えよう！

能力テスト：言語分野＋非言語分野

　言語分野（国語分野）
　　2語の関係、同意語、反意語、ことわざ、慣用句、語句の意味、敬語、文の並べ替えなど
　　（例題）次の2語と同じ関係のものを選びなさい。「保守的：革新的」
　　　　A 普遍的：先端的　　B 相対的：絶対的　　C 世界的：広域的

　非言語分野（数学・理科分野）
　　集合、順列組み合わせ、確率、鶴亀算、損益算、仕事算、代金の支払いなど
　　（例題）X社では、採用試験の面接をA、B、C、Dの4人が2人ずつ交代で当たることになりました。何通りの組み合わせができるでしょうか。

〈対策〉 練習問題をできるだけ多くすること （問題形式・時間配分に慣れる）

https://www.3anet.co.jp/np/books/4018/ に
英語、中国語、ベトナム語の翻訳あり

文型・表現

1｜擬態語

例文

(1) リーさんは日本語能力を向上させるために、毎日こつこつと努力を続けている。

(2) アンさんはいつもてきぱき仕事をこなしているので、アルバイト先で信頼されている。

(3) 雨が降り出したが、傘を持っていなかったので、全身びしょびしょになってしまった。

問題 (1) から (3) の擬態語（ぎたいご）を使って、文を作りなさい。
(1) てきぱき ＿＿＿＿＿＿＿＿＿＿＿＿＿＿＿＿＿＿＿＿＿＿＿＿＿＿。
(2) ぐんぐん ＿＿＿＿＿＿＿＿＿＿＿＿＿＿＿＿＿＿＿＿＿＿＿＿＿＿。
(3) いらいら ＿＿＿＿＿＿＿＿＿＿＿＿＿＿＿＿＿＿＿＿＿＿＿＿＿＿。

2｜〜ようにする

例文

(1) 聞き取りが苦手（にがて）だったので、毎日30分、テレビのニュースを見るようにしました。
(2) 運動不足なので昼休みに歩くようにしています。
(3) 朝、会社に着いたらすぐにメールのチェックをするようにしています。

問題 文を完成させなさい。
(1) 毎日＿＿＿＿＿＿＿＿＿＿＿＿＿＿＿＿＿＿＿＿＿ようにしています。
(2) 健康のために＿＿＿＿＿＿＿＿＿＿＿＿＿＿＿＿＿ようにしています。
(3) 前に勤（つと）めていた会社では、なるべく残業＊をしないで＿＿＿＿＿＿＿＿＿＿
ようにしていました。
＊残業：会社が終わる時間になっても帰らないで仕事をすること

3｜〜ようになる

例文

(1) 日本へ来てから、自分で料理をするようになりました。
(2) 日本で生活している間に、社会問題に関心を持つようになりました。
(3) 以前は人と話すのが苦手でしたが、留学してから、誰とでも話せるようになりました。

問題 文を完成させなさい。
(1) 会社に入ってから、＿＿＿＿＿＿＿＿＿＿＿＿＿＿＿＿＿＿＿＿＿＿＿＿＿。
(2) ホームステイ＊している間に、＿＿＿＿＿＿＿＿＿＿＿＿＿＿＿＿＿＿＿＿。
(3) 国にいたときは＿＿＿＿＿＿が、今は、＿＿＿＿＿＿＿＿＿＿＿＿＿＿＿。
＊ホームステイ：留学生などが一般の家庭で生活すること、homestay

タスク

 1 面接で自分の長所について話す

ロールカードA（5-1）

あなたは、採用担当の面接官です。

受験者に、長所について話すように言ってください。

話の内容について、いくつか質問をしてください。

ロールカードB（5-1）

あなたは、就職の面接を受けています。

面接官の質問に答えてください。

 2 面接で学生時代に熱心に取り組んだことを話す

ロールカードA（5-2）

あなたは、採用担当の面接官です。

受験者に、学生時代に熱心に取り組んだことを話すように言ってください。

話の内容について、いくつか質問をしてください。

ロールカードB（5-2）

あなたは、就職の面接を受けています。

面接官の質問に答えてください。

▶「学生時代に熱心に取り組んだこと」がうまく話せない場合はタスク3を先にする

❸ 学生時代に熱心に取り組んだことについて書いてみよう

構成と例文

1. 何をしたか
    例）熱心にしたことは、漢字の勉強です。
2. どのようにがんばったか
    例）2年間で3000以上の漢字熟語(かんじじゅくご)を覚えました。
3. 何が大変だったか
    例）同じ漢字でも音読みと訓読みがあり、読み方も複数あるので正しく読めるようになるのに時間がかかりました。
4. 大変だったことをどのように解決したか
    例）単語カードを常に持ち歩き、時間があれば見ていました。またトイレに漢字の紙を貼(は)って漢字の勉強をしました。毎週土曜日にその週に勉強した漢字がどのくらいできているか必ずチェックしました。
5. 2～4の経験から何を学んだか、またその経験を通(とお)してどのように成長できたか
    例）毎日の小さな積み重ねが大きな結果につながることを実感しました。努力すれば結果が出ると思うようになりました。

200字〜300字

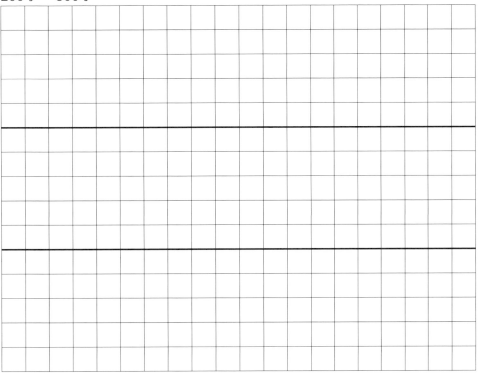

6課　面接を受ける−2

モデル会話　06

　黄春梅は、トイレタリー関連会社「ラムラ」の面接で、日本語を勉強したきっかけを話す。

面接官‥‥‥‥日本語の勉強を始めたきっかけは何ですか。

黄春梅‥‥‥‥はい、きっかけは、高校生のころおみやげにもらった日本のシャンプーでした。
　　　　　　きれいなパッケージ*、やさしい香りで、使うたびに幸せな気持ちになりました。こういうシャンプーが普通に使われている国にいつか行ってみたいと思うようになりました。それで、インターネットで日本語の勉強を始めました。日本語がわかるようになると、日本製の若い女性向けの商品のこともわかるようになって、ますます日本に行きたくなりました。

面接官‥‥‥‥なるほど。
　　　　　　それで、弊社*の若い女性向けの商品の中で、何か気に入っているものがありますか。

黄春梅‥‥‥‥はい、ラグジュアリーファイブです。働く若い女性をターゲットに商品開発されたと知り、感動しました。日本に来て、すぐに買いました。

面接官‥‥‥‥中国でも売れると思いますか。

黄春梅‥‥‥‥はい、必ず売れると思います。

　*パッケージ：包装、package
　　弊社　　　：私の会社（謙譲語）

文型・表現

1 ～たび（に）

例文

(1) 先生から日本の話を聞くたびに、日本に留学したいという気持ちになりました。

(2) テレビでコマーシャル＊を見るたびに、その商品を買いたくなりました。

(3) 両親からほめられるたびに、もっとがんばって勉強しようと思いました。

　　＊コマーシャル: 宣伝、commercial

問題 文を完成させなさい。
(1) 彼に会うたびに、＿＿＿＿＿＿＿＿＿＿＿＿＿＿＿＿＿＿＿＿＿＿＿＿＿＿＿＿。
(2) 旅行に行くたびに、＿＿＿＿＿＿＿＿＿＿＿＿＿＿＿＿＿＿＿＿＿＿＿＿＿＿＿＿。
(3) コンピュータの電源を入れるたびに、＿＿＿＿＿＿＿＿＿＿＿＿＿＿＿＿＿＿。

2 ～れる／られる

例文

(1) 来週の金曜日、留学生のための就職説明会が行われます。

(2) この石けんは自然の原料だけで作られています。

(3) A社の商品は品質がよいため、多くの消費者から支持されている。

問題 文を完成させなさい。
(1) オリンピックは4年に一度＿＿＿＿＿＿＿＿＿＿＿＿＿＿＿＿＿＿＿＿＿＿＿＿。
(2) 日本はきれいな国だ＿＿＿＿＿＿＿＿＿＿＿＿＿＿＿＿＿＿＿＿＿＿＿＿＿＿＿。
(3) AI、人口知能は＿＿＿＿＿＿＿＿＿＿＿＿＿＿＿＿＿＿＿＿＿＿＿＿＿＿＿＿＿。

3｜疑問詞＋か

例文

（1）いつか外国に行ってみたいです。

（2）誰かITに強い人をチームに入れよう。

（3）どこか安くておいしいレストランを知っていますか。

問題 文を完成させなさい。

（1）いつか＿＿＿＿＿＿＿＿＿＿＿＿＿＿＿＿＿＿＿＿＿＿＿＿＿＿＿＿＿。

（2）何か＿＿＿＿＿＿＿＿＿＿＿＿＿＿＿＿＿＿＿＿＿＿＿＿＿＿＿＿＿＿。

（3）誰か＿＿＿＿＿＿＿＿＿＿＿＿＿＿＿＿＿＿＿＿＿＿＿＿＿＿＿＿＿＿。

タスク

 1 面接で面接官の質問に答える

ロールカードA（6-1）

あなたは、採用担当の面接官です。

受験者に、日本に留学した理由を聞いてください。

話の内容について、いくつか質問をしてください。

ロールカードB（6-1）

あなたは、就職の面接を受けています。

面接官の質問に答えてください。

2　面接で面接官の質問に答える（下の事前学習を先にするとよい）

ロールカードA（6-2）

あなたは、採用担当の面接官です。

受験者に、どうしてこの会社で働きたいか理由を聞いてください。

いくつか質問をしてください。

ロールカードB（6-2）

あなたは、就職の面接を受けています。

面接官の質問に答えてください。

 〈タスク2の事前学習〉応募する会社を決めて、志望動機を書こう

構成と例文

1. 結論

   例）○○化粧品を××（国名）に紹介し、そのすばらしさを××の女性に伝えたいと思います。

2. 業界・会社

   例）私は日本に来てから化粧をするようになりました。化粧をすることで自信がつき、行動がポジティブ*になりました。化粧の持つ力を実感しました。××では、女性が化粧をする習慣があまりありませんし、××製の化粧品は質がいいとは言えません。○○の製品は肌のことを第一に考えて作られています。肌の弱い私でもきれいに化粧ができます。○○の製品を使ったら、××の女性はもっときれいに、そしてもっと活動的になるのではないかと考えます。

3. 入社したらしたいこと、できること

   例）入社できましたら、語学力を活かして××に○○の製品を広める営業をしていきたいと思います。

*ポジティブ：積極的、positive

200字〜300字

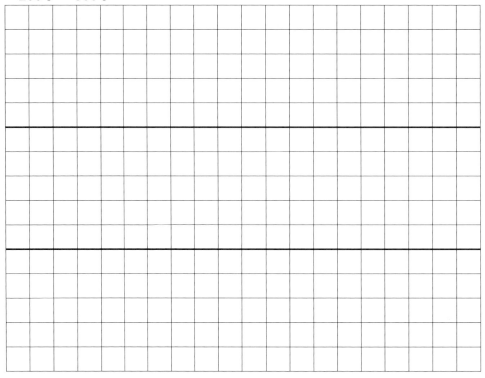

3 グエンさんが書いた返信メールを読み、件名*の付け方、宛名、名乗り*、書式*など、気がついたことを話し合おう

```
件名：Re: 2次面接通過のお知らせ
株式会社ネットパーク
採用ご担当者様


東西大学、経済学部　グエン・ヴァン・クォンです。
2次面接通過のご連絡ありがとうございます。

3次面接試験の日程について承知いたしました。
6月22日水曜日　午後1時に御社に伺います。


どうぞよろしくお願いいたします。


＝＝＝＝＝＝＝＝＝＝＝＝＝＝＝＝＝
東西大学　経済学部
グエン・ヴァン・クォン
Tel: 090-1234-567X
Address: nguyen.van.cuon@tozai-u.ac.jp
```

宛名がわかっている場合は、名前を書く

大学名やメールアドレスを入れた署名を作成しておくとよい

　　＊件名　：メールの題
　　　名乗り：自分の名前を書くこと
　　　書式　：メールなど、文書を書くときの形式

ケーススタディ3　私の意見は正しいのに……

留学生のチンさんは大学3年生です。日本で就職しようと考えています。今まで10社に応募(おうぼ)しました。でも、グループディスカッションで落ちてしまいます。チンさんは大学の先生から「日本語でこれだけ論理的に話せるのはすごい」と言われたことがあり、グループディスカッションに自信があります。

今まで受けた会社のディスカッションのテーマは「若い女性をターゲットにした商品を企画しよう」、「わが社のアジア戦略(せんりゃく)を考えよ」、「新しいドラえもんの道具は？」などで、経済からマンガまでいろいろな種類の知識が必要です。チンさんは、1年前からさまざまな会社について調べ、新聞も読み、就職のために勉強してきたので、どんなテーマのときも「これは大丈夫(だいじょうぶ)、できる」と自信があります。ですからほかの学生が何か発言する前に自分の意見をはっきり述べます。ほかの学生から違う意見が出たときも、その意見の弱点を見つけて反論し、自分の意見を通(とお)します。また、何を言いたいのかわからない人がいるときは、時間がもったいないので、話の途中で「すみません。ちょっと私の意見を言ってもいいですか」と相手の発言を最後まで聞かないこともあります。チンさんの意見は正しいので、結果としてチンさんの意見がグループの結論になることが多いです。

チンさんは、最初のうちはグループディスカッションなんて簡単だと思っていましたが、何社も落ちると、自分の発言に何か問題があるのではないかと考えるようになりました。でも、一体何が悪いのかよくわかりません。

1. チンさんがグループディスカッションで落ちてしまう理由は何だと思いますか。

2. 会社の試験ではディベート＊よりグループディスカッションが多く行われています。これはどうしてだと思いますか。

3. 会社の人はグループディスカッションで何をチェックしていると思いますか。

4. チンさんがグループディスカッションの試験に通るには、どうしたらいいと思いますか。

　　＊ディベート：1つのテーマについて賛成と反対に分かれて行う議論、debate

Unit4

初めての仕事

7課　報告書を書く
8課　データをまとめる

ケーススタディ4
「例の」、「あれ」って何?

新入社員は初めに新人研修を受けることが多いです。ここで会社のルールを学んだり、電話対応や名刺交換などのビジネスマナーを確認したりします。

新入社員は、研修が終わると研修報告書を書きます。入社後、最初に書くビジネス文書です。会社では会議の内容を記録する議事録、どんな仕事をしたか記録する日報、週報、月報などの報告書、企画提案書など、毎日のようにビジネス文書を書きます。いつも5W1H(when where who what why how)を意識し、読む人が誰なのかを考えながら、わかりやすいビジネス文書を書くことが大切です。

新人研修が終わると、新入社員は社内の部や課で仕事を始めます。最初のうちは一人で仕事をするのではなく、先輩の指導に従って仕事をします。先輩や上司から頼まれた仕事で少しでもわからないことがあったら、自分で判断しないで確認することが大事です。

新人研修に参加したグエンさんの書いた研修報告書はどのような点に問題があるのでしょう。

黄春梅さんは課長からの依頼をどのように確認しているでしょうか。また、言われたことだけでなく黄さんから提案をしているのはなぜでしょうか。

7課　報告書を書く

モデル会話　07

グエンは、研修報告書の内容について先輩（せんぱい）と話す。

先　輩……グエンさん、確か昨日で社内研修が終わったんでしょ？　どうだった？

グエン………はい、大変勉強になりました。明日までに研修報告書を出さなきゃいけないんです。

先　輩……そう。それで、もう書いたの？

グエン………はい、一応書いてみたんですが、自信がなくて……。お時間があったら見ていただけますか。

先　輩……いいよ。うーん、まず、この報告書、場所とか実施日とか基本情報が抜けている。

グエン………はい。

先　輩……それに、文体が揃（そろ）ってないし、文が長くてちょっと読みにくいかな。

グエン………（がっかりした気持ちで）そうですか。

先　輩……それから、感想のところで「考えることがたくさんあった」となっているけど、これではグエンさんが何をたくさん考えたのかよくわからないと思う。

グエン………そうですね。よくわかりました。いろいろ教えていただき、ありがとうございました。

文型・表現

1｜確か

例文

（1）確かここにあったと思うんですが、どこか別の場所に置いたのかもしれませんね。

（2）よく覚えていないんですが、Aさんと会ったのは、確か去年の10月だったと思います。

（3）A: 会議は、確か503会議室でしたよね。
　　　B: いいえ、502会議室です。

> **問題** 文を完成させなさい。
> （1）確か午前中に届くと聞いた気がするんですが、＿＿＿＿＿＿＿＿＿＿＿＿＿＿。
> （2）Z商会の社長が替わられたのは、確か＿＿＿＿＿＿＿＿＿＿＿＿＿＿＿＿＿。
> （3）A: 一番近い郵便局って、確か＿＿＿＿＿＿＿＿＿＿＿＿＿＿＿＿＿＿＿＿。
> 　　　B: うーん、南口だった気がします。

2｜～なきゃ・～なくちゃ（「～なければ」の縮約形）

例文

（1）この科目は内容がとても難しいんですが、1年生は必ず取らなきゃならないんです。

（2）ごめん、今日は時間がない。今週中に企画書＊を書かなきゃならないんだ。

（3）明日は大切な試験だから、勉強しなくちゃ。テレビはがまん。

　　＊企画書: 新しい商品やサービスを実現するための流れを書いたもの

> **問題** 文を完成させなさい。
> （1）夢を実現させるために＿＿＿＿＿＿＿＿＿＿＿＿＿＿＿＿＿＿＿＿＿＿＿。
> （2）奨学金をもらうためには、＿＿＿＿＿＿＿＿＿＿＿＿＿＿＿＿＿＿＿＿。
> （3）明日は面接だから、＿＿＿＿＿＿＿＿＿＿＿＿＿＿＿＿＿＿＿＿＿＿＿。

3 | ～たら、～ていただけますか

例文

（1）この件について何かご存じだったら、教えていただけますか。

（2）A社についての資料があったら、見せていただけますか。

（3）もし山田さんから連絡があったら、すぐに知らせていただけますか。

問題 文を完成させなさい。

（1）山本先生に連絡を取りたいんです。ご存じだったら、＿＿＿＿＿＿＿＿＿か。

（2）質問がありましたら、＿＿＿＿＿＿＿＿＿＿＿＿＿＿＿＿＿＿＿＿か。

（3）報告書の書式がわかりません。
　　　テンプレートがあったら、＿＿＿＿＿＿＿＿＿＿＿＿＿＿＿＿か。

タスク

 1 修正した報告書を再度チェックしてもらう

ロールカードA(7-1)

あなたは、アパレル*メーカーの新入社員です。国際アパレル見本市(みほんいち)に行ったときの報告書を先輩(せんぱい)にチェックしてもらい、先輩から注意された点について修正しました。
課長に提出する前にもう一度先輩にチェックしてもらってください。
先輩は忙しそうなので失礼にならないように声をかけてください。
最後にきちんとお礼を言ってください。

＊アパレル：衣服、apparel

ロールカードB(7-1)

新入社員が書いた国際アパレル*見本市(みほんいち)の報告書について、アドバイスをしました。しばらくして、またチェックしてほしいと声をかけられました。次のように対応してください。

(1) 修正したところをほめてください。
(2) 以下の気になった点を指導してください。

・それぞれの文が長すぎる
・取引先(とりひきさき)*の展示の様子をもう少し詳(くわ)しく書く
・最後に「以上」を入れる

＊アパレル：衣服、apparel
　取引先　：商品を売ったり、買ったりしている相手の会社

2 メールの書き方についてアドバイスを求める

ロールカードA（7-2）

あなたは、新入社員です。国際アパレル見本市（みほんいち）に行った報告書を、課長にメールで提出するように言われました。メールの書き方に自信がないので、隣の席の先輩（せんぱい）に、以下の点について質問し、アドバイスを求めてください。先輩はパソコンでデータを入力する*仕事をしていて、とても忙しそうです。

・最初と最後のあいさつ

・メールの件名の付け方

*データを入力する：パソコンなどを使って数字や文字などの情報を入れる

ロールカードB（7-2）

新入社員から声を掛けられました。今、パソコンでデータを入力する*仕事をしていて、とても忙しいです。

以下の点について、アドバイスしてください。

・社内メールの本文の初めは、あいさつは不要

・終わりは、メールの内容によって変えるが、今回は、「よろしくお願いします」で大丈夫（だいじょうぶ）

・メールの件名は内容がわかるように簡単に書く

*データを入力する：パソコンなどを使って数字や文字などの情報を入れる

3 報告書を比べてみよう before/after

報告書　before

　　　　　　　　　　　　　　　　　　　　　　　　20××年4月6日

研修チーム　根本様

　　　　　　　　　　　　　　　国際事業部　グエン・ヴァン・クォン

　　　　　　　　　　　新入社員研修報告書

　今回の新人研修では、1日目はビジネスマナーの基本についての講義があった。午後からあいさつの仕方、声の出し方、電話対応、名刺交換などビジネスマナーの基本をロールプレイで練習した。あいさつは参加者全員のビデオをとって、一人ずつ映像を見ながら、コメントがありました。2日目は、「どうして働くのか」というテーマでグループディスカッションをした。
　会社に入る前にビジネスマナーは少し勉強したが、今回は、ビデオをとったので、ドキドキしました。ディスカッションのテーマは、生活のために働くのは当たり前だと思っていたので、何を言ったらいいかわかりませんでした。でも、グループメンバーの意見を聞いて、いろいろなことがわかって、考えることがたくさんあった研修でした。

報告書　after

　　　　　　　　　　　　　　　　　　　　　　　　　20××年4月6日

研修チーム　根本様

　　　　　　　　　　　　　　　　　　国際事業部　グエン・ヴァン・クォン

　　　　　　　　　　　　　新入社員研修報告書

1. 場所　　　ABC研修センター
2. 期間　　　20××年4月3日（火）、4日（水）
3. 内容

    4月3日（火）午前10時～午後5時

　　　　　・講義：ビジネスマナーの基本

　　　　　・ロールプレイ練習

　　　　　　あいさつの仕方、声の出し方、電話対応、名刺交換

    4月4日（水）午前10時～午後4時

　　　　　・グループディスカッション「人はなぜ働くのか」

　　　　　・研修のまとめ

4. 感想

　　ビジネスマナーは、仕事をするときによい人間関係を作るために大切で、社員のマナーが会社全体のマナーになることを知りました。ビデオで自分の話し方を見て、注意するところがわかりました。これから、話し方やマナーに気をつけたいと思います。また、グループディスカッションを通して、「自分が何をしたいのか」、「何ができるのか」をいつも考えることが大事であると思いました。

　　　　　　　　　　　　　　　　　　　　　　　　　　　　　以上

出張報告書と議事録の書式例

作成日
宛名（名前＋課長、部長などの役職名）
作成者（所属＋名前）
出張報告書
以下のとおり出張の報告をいたします。
1. 期間
2. 出張先
3. 目的
4. 内容（訪問先や結果など）
・簡潔にわかりやすく書く
・事実と意見を分ける
その他、添付*資料などがある場合は添付資料の題を書く
以上
*添付：付ける

作成日
宛名（名前＋役職名）
作成者（所属＋名前）
会議の名称
1. 日時
2. 場所
3. 出席者（部署別、職位順*）
4. 議題
5. 議事内容（簡潔にわかりやすく）
（1）
（2）
6. 決定事項（あれば）
7. 資料（あれば）
8. 次回の予定（あれば）
以上
*職位順：社長→部長→課長など役職が高い順

読み方：役職、所属、名称、職位

8課　データをまとめる

モデル会話　08

黄春梅は、加藤課長からデータ入力を頼まれる。

課　長………黄さん、これアンケート調査のデータなんだけど、今週中にエクセルにまとめておいてくれますか。

黄春梅………今週中というのは金曜日の午後5時までにということですか。

課　長………うーん、それじゃ遅すぎるなあ。
　　　　　　月曜日の朝のミーティングで使いたいから、金曜日の午前中にファイルを送ってくれる？

黄春梅………はい、それでは木曜日の午後5時までに仕上げます。
　　　　　　データは質問項目ごとにグラフを作成しましょうか。

課　長………そうしてくれると助かります。

黄春梅………はい、わかりました。
　　　　　　できたらすぐに、メールで課長にお送りします。

課　長………ありがとう。じゃ、よろしく。

文型・表現

1｜〜ておく

例文

（1）会議の資料を10部コピーしておきました。

（2）プレゼン*に使うパソコンとプロジェクター*を準備しておいてください。

（3）今日、A社に持って行くパンフレット、準備しておいてくれた？

　　　*プレゼン　　　：プレゼンテーション（presentation）の略
　　　　　　　　　　　売り込みたいテーマや商品について、効果的に説明すること
　　　プロジェクター：スライドなどを映すための機械

問題 文を完成させなさい。

（1）来週は忙しいので、今週中に＿＿＿＿＿＿＿＿＿＿＿＿＿＿＿＿＿＿＿＿＿＿＿＿。

（2）課長から言われる前に、＿＿＿＿＿＿＿＿＿＿＿＿＿＿＿＿＿＿＿＿＿＿＿＿。

（3）会議は10時からだから、＿＿＿＿＿＿＿＿＿＿＿＿＿＿＿＿＿＿てください。

8課　データをまとめる｜055

2 | ～というのは、～ということですか

例文

（1）明日までにというのは、明日の9時までに提出するということですか。
（2）出先*から報告するというのは、メールを送るということですか。
（3）会議の準備というのは、資料をそろえておくということですか。

　　＊出先: 外出、または出張している所

問題 文を完成させなさい。
（1）A: 企画の魅力を説明できるように、きちんとプレゼンの準備をしておいてください。
　　　B: プレゼンの準備というのは、＿＿＿＿＿＿＿＿＿＿＿＿＿＿＿＿＿＿か。
（2）A: 私は水曜まで出張だから、よろしく頼むよ。
　　　B: 水曜まで出張というのは、＿＿＿＿＿＿＿＿＿＿＿＿＿＿＿＿＿＿か。
（3）A: 展示会はどうだった？ 報告は3日以内に出してくださいね。
　　　B: 今日は火曜日だから、3日以内というのは、＿＿＿＿＿＿＿＿＿＿＿＿か。

3 | ～ごとに

例文

（1）今日は、個人ではなく、グループごとに移動してください。
（2）取引先ごとに売り上げを計算して、グラフにしてください。
（3）あのレストランは季節ごとに違うメニューで料理を出している。

問題 文を完成させなさい。
（1）研究のために大学1年生から4年生の学生全員にアンケートを行った。
　　　まずは＿＿＿＿＿＿ごとに整理してみよう。
（2）＿＿＿＿＿＿ごとに＿＿＿＿＿＿＿＿＿＿＿＿＿＿＿＿＿＿＿＿。
　　　自分とは違う文化も、自分の文化と同じように尊重することが重要だ。
（3）ABC旅行社では、＿＿＿＿＿＿ごとに＿＿＿＿＿＿＿＿＿＿＿＿＿＿。

タスク

 1 依頼された作業について確認する

ロールカードA(8-1)

あなたは、台所やトイレなどの住宅設備を販売する会社の課長です。
部下に、金曜日までに、新型トイレ「ソフティー」と「ハーディー」が、これまでの3年間、毎月どれだけ売れたかのグラフを作るよう指示してください。
質問されたら、以下の情報をヒントに対応してください。今日は火曜日です。

・資料は、来週月曜日午後の会議で必要なので、前日までに完成させる
・2種類のトイレの売り上げの変化がわかるようにする

ロールカードB(8-1)

あなたは、台所やトイレなどの住宅設備を販売する会社の社員です。
課長の指示を聞いてください。
次に、何をするのか、きちんと確認してください。今日は火曜日です。

 2 依頼された作業について、必要なことを考えて確認する

ロールカードA(8-2)

あなたは、人事部の係長です。
社内勉強会の申し込みがメールで届いているので、リスト*を作るよう部下に指示してください。
質問があったら、以下の内容を参考に説明してください。今日は木曜日です。

・来週水曜日の夕方までに参加者リストを作成してほしい
・現在、約40人の申し込みがあるが、今週末がしめきりなので増えるかもしれない

＊リスト：名前や数字などを整理して表にしたもの

8課　データをまとめる | 057

ロールカードB(8-2)

あなたは、人事部(じんじぶ)の社員です。

係長の指示を聞いてください。

もらったデータは約40人分の申し込みメールです。

わからない点があれば質問し、確認してください。今日は木曜日です。

 3 次の例を参考に、〈タスク2〉の参加者リストを添付ファイル*にして課長に送るメールを書こう

＊添付ファイル：メールにつけるファイル

メール例

件名：アンケート調査データ（営業2課　黄春梅）
加藤課長 黄です。 アンケート調査の結果をエクセルにまとめました。 ファイルを添付でお送りいたします。 ご確認よろしくお願いします。 営業2課 黄春梅

- 本文に伝えたい内容を簡潔に書いて送る。
何も書かないで添付ファイルだけ送るのは失礼
- 添付ファイルを送るときの表現
「〜を添付ファイルでお送りします」でも可
- ファイルの中身をチェックしてほしいときの表現

件名：

ケーススタディ4 「例の」、「あれ」って何？

クロエさんは日本の大学を卒業し、東京に本社がある食品メーカーの海外営業部で働いています。

クロエさんは今、3つの報告書を書くように言われています。明日の会議で使う「海外のインスタント食品についての調査報告書」、あさってが提出期限の「海外での新商品売上報告書」、来週初めに提出する「海外出張報告書」の3つです。

さっき上司*の上野課長が「クロエさん、例の*報告書のことなんだけど、どこまでできた？」と聞いてきました。昨日もそれぞれの報告書についてどこまでできているかを課長に報告したばかりです。クロエさんは「報告書」が3つのうちのどれなのか迷ってしまいました。そこで「課長、例のというのは、えーっと……」と聞き返しました。課長は「調査報告書のことだよ。まだ提出してないよね。明日の会議の議題になっているから、間に合うかちょっと心配で、確認したんだけど」と答えました。昨日、課長が新商品の売り上げの数字をとても気にしていたので、クロエさんは「報告書」と言われたとき、「海外での新商品売上報告書」のことかなと思い、「調査報告書」だとは思いませんでした。「それならはっきり言ってくれればいいのに」と思いました。

クロエさんは、前に同じような場面があったことを思い出しました。先輩の正木さんが藤島さんに「あれ、どうなった？」と聞きました。藤島さんは、「あれ」がすぐにわかったらしく「ああ、あれね。OKだったよ」と答えていました。クロエさんは、「あれ」が藤島さんが担当している取引先との話し合いのことで、「OK」は話し合いがうまくいったということだと思いました。ところが実際は、藤島さんが総務部の安井さんをデートに誘うことができたという話でした。
クロエさんははっきり言わなくても通じる日本語はちょっと難しいと思いました。

*上司：会社などで、自分よりえらい人
　例の：話す人と聞く人の両方が知っていることやものを指す言葉

1. 上野課長はどうしてはっきり報告書の種類を言わなかったのだと思いますか。

2. クロエさんはどうして課長が言った「報告書」を「海外での新商品売上報告書」だと思ったのでしょうか。

3. クロエさんが正木さんと藤島さんとの会話を聞いて、誤解したのはどうしてだと思いますか。また、正木さんと藤島さんの間で話が通じたのはなぜだと思いますか。

4. あなたの国では「例の」「あれ」「いつもの」など、内容を知らないと理解できないような言葉がありますか。また、内容がよくわからない場合はどうしますか。

Unit5

電話対応*

9課　電話を取り次ぐ
10課　伝言を受ける

ケーススタディ5
「(さ)せていただく」の洪水？

会社では電話がよくかかってきます。会社での電話の受け方は、普段の受け方と少し違います。まず、電話を受けるときは「もしもし」ではなく「はい」と言います。名乗りは、[会社名]([部署名])[自分の名前]です。例えば、「はい、スリーエス食品、営業部、ナムです」のように言います。また、知らない人に対しても「お世話になっています(おります)」とあいさつします。

電話はすぐに取るのが基本です。3回以上鳴ってから電話に出た場合は「お待たせしました」と最初に言います。

必ずメモを用意し、ペンを持ち受話器を取ります。電話対応では自分が相手の話を正しく理解したかどうか、確認することが大切です。聞き取れたことをメモしておくと、相手の話が終わったときに、内容を確認するのに役に立ちます。

電話対応は、慣れないうちは難しいと感じますが、すぐに慣れるので怖がらずに電話に出たほうがいいです。かかってきた電話に出るときは、ゆっくり、はっきり話すと相手も聞き取りやすく、また自分も落ち着きます。電話対応で困るのは、相手の会社名や名前が聞き取れないときです。普段から取引先の会社名、担当者名を確認しておくと電話で言われたときに予測がつきます。自分ができることをしておくことが、電話恐怖症*にならないコツ*です。

黄春梅は、聞いたことのない名前の会社からかかってきた電話にどのように対応しているでしょうか。

皆さんだったらどうしますか。

＊対応　：相手やまわりの状況に合わせて行動すること
　恐怖症：本当に怖い状況でなくても、怖いと感じてしまうこと
　コツ　：それができればうまくいくという大事なこと

9課　電話を取り次ぐ*

モデル会話1　🔊 09

　黄春梅は、かかってきた電話を取る。

黄春梅……はい、ラムラ、営業2課、黄でございます。
白　川……プラン商会の白川と申します。
　　　　　　お世話になっております。
　　　　　　加藤さんはいらっしゃいますか。

> ～と申します
> 初めて話す人やよく知らない人に名乗る場合

黄春梅……お世話になっております。
　　　　　　プラン商会の白川様ですね。
　　　　　　少々お待ちください。（電話を保留にする*）
　　　　　　加藤さん、3番にプラン商会の白川さんからお電話が入っています。

　*電話を取り次ぐ　：ほかの人にかかってきた電話をその人に回す
　　電話を保留にする：電話に音楽などを流して待ってもらう

モデル会話2　🔊 10

　黄春梅は、かかってきた電話の相手の名前が聞き取れない。

黄春梅……はい、ラムラ、営業2課、黄です。
相　手……エーエヌティーの高坂と申します。
　　　　　　お世話になっております。
黄春梅……お世話になっております。
相　手……田中さんはいらっしゃいますか。
黄春梅……恐れいりますが、お名前をもう一度伺ってもよろしいですか。
相　手……エーエヌティーのこうさかです。

黄春梅‥‥‥エーエヌティーのこさか様でよろしいですか。

相　手‥‥‥こさかではなく、こうさかです。

黄春梅‥‥‥大変失礼しました。
　　　　　エーエヌティーのこうさか様ですね。
　　　　　少々お待ちください。

> ～でよろしいですか
> 自信のない場合は「ですね」は避ける。

文型・表現

1 | 少々

例文

（1）ドアの近くにお立ちの方は、中の方に少々おつめください。

（2）登録に少々お時間をいただきます。

（3）この問題は解決するのが少々難しいかもしれません。

> 問題　文を完成させなさい。
> （1）課長がすぐに参ります。こちらで_____。
> （2）面白そうな計画ですね。お話を_____。
> （3）申し訳ありません。電車の事故で、そちらに着くのが_____そうです。

2｜クッション言葉：お願いや断るときなどに、最初に付ける言葉

例文

(1) 恐れいりますが、こちらにもご記入をお願いします。
(2) お手数をおかけします*が、署名、捺印*の上、ご返送*ください。
(3) 申し訳ありませんが、本日の受け付けは終了いたしました。

　　*お手数をおかけします：何かしてもらうときに、お詫びや感謝の気持ちを表す言葉
　　　捺印　　　　　　：印鑑（はんこ）を押すこと
　　　返送する　　　　：送ってきた人に、（必要なことを書いて）送る

問題 クッション言葉を入れなさい。（解答は一つとは限らない）

(1) _____、こちらではその商品は販売しておりません。
(2) _____、もうしばらくお待ちください。
(3) _____、調べていただけますか。

3｜～てもよろしいですか

例文

(1) 明日、そちらに伺ってもよろしいですか。
(2) こちらの席に座ってもよろしいですか。
(3) 新製品の情報をメールでお送りしてもよろしいですか。

問題 丁寧な言い方で文を完成させなさい。

(1)（電話番号を聞きたい）
　　電話番号を_____。
(2)（明日、電話したい）
　　明日、電話を_____。
(3)（来週もう一度連絡したい）
　　来週もう一度_____。

タスク

 1 聞き取りにくい名前を確認して電話を取り次ぐ

ロールカードA(9-1)

あなたは、さくら産業営業1課の新入社員です。
取引先のトモニ商事から、高木さんに電話がかかってきました。
相手の名前が「スダ」と聞こえたので、確認したら違ったようです。
相手に謝ってから、もう一度確認をし、電話を取り次いでください。

ロールカードB(9-1)

あなたは、トモニ商事の津田(つだ)です。
さくら産業営業1課の高木さんに電話をかけてください。

 2 聞き取りにくい会社名と個人名を確認して電話を取り次ぐ (1)

ロールカードA(9-2)

あなたは、さくら産業営業1課の新入社員です。
取引先から、高木さんに電話がかかってきました。
「モリコーポレーションのスワ」と聞こえました。
聞き返したら、今度は「モリイコーポレーションのスダ」と聞こえたので確認しましたが、違っているようです。
相手に謝ってから、再度確認し、電話を取り次いでください。

ロールカードB(9-2)

あなたは、森井コーポレーションの須賀(すが)です。
さくら産業営業1課の高木さんに電話をかけてください。

3 聞き取りにくい会社名と個人名を確認して電話を取り次ぐ (2)

ロールカードA(9-3)

あなたは、マイルスペース商会の新入社員です。
取引先から、吉田さんへの電話がかかってきました。
取引先の会社名がうまく聞き取れなかったので、聞き返してください。
社内には、吉田という社員が2人いるので、どちらへの電話か確認して、取り次いでください。

ロールカードB(9-3)

あなたは、BEJ(ビーイージェー)スポーツの浦野(うらの)です。
取引先のマイルスペース商会の吉田さんに電話をかけてください。

● 社名が聞き取れないと何度も言われたら、ABCのB、イングランドのE、ジャパンのJと伝えることにしています。
● 誰と話したいか確認されたら「吉田ひろしさん」だと答えてください。

10課　伝言を受ける

モデル会話　🔊 11

黄春梅は、伝言を預かる。

黄春梅‥‥‥はい、ラムラ、営業2課、黄でございます。

井　上‥‥‥ワイ企画の井上と申します。お世話になっております。

黄春梅‥‥‥こちらこそお世話になっております。

井　上‥‥‥加藤さんはいらっしゃいますか。

黄春梅‥‥‥申し訳ありません。加藤は外出中で、2時に戻って来る予定です。

井　上‥‥‥そうですか。
　　　　　　じゃあ、伝言をお願いできますか。

黄春梅‥‥‥はい、どうぞ。

井　上‥‥‥フォーユーシリーズの販売プロモーション＊について相談があります。
　　　　　　それで加藤さんがお戻りになりましたら、電話をくださるよう伝えていただけますか。

黄春梅‥‥‥はい、フォーユーシリーズの販売プロモーションについてご相談があるということですね。
　　　　　　加藤が戻りましたら、井上様にお電話するよう伝えます。
　　　　　　黄が承りました。

井　上‥‥‥よろしくお願いします。

黄春梅‥‥‥はい、失礼します。

井　上‥‥‥失礼します。

　　＊プロモーション：商品やサービスを買ってもらうための宣伝活動、promotion

文型・表現

1 | お〜になる

例文

(1) 2時の約束ですから、エス企画の山田様はもうすぐお見えになると思います。
(2) 山田様が応接室でお待ちになっています。
(3) 山田様は先ほどお帰りになりました。

> **問題** 文を完成させなさい。
> (1) A: このペン、インクの出が悪いなあ。
>   B: よろしかったら、＿＿＿＿＿＿＿＿＿＿＿＿＿＿＿＿＿か。
> (2) A: 高井社長は何時ごろ＿＿＿＿＿＿＿＿＿＿＿＿＿＿＿＿＿か。
>   B: 高井は3時に戻る予定になっております。
> (3) A: 今、話題になっているマーケティングの本、なかなか面白かったよ。
>   B: もう＿＿＿＿＿＿＿＿＿＿＿＿＿＿＿＿＿か。

2 | 〜ということですね

例文

(1) A: 新製品のカタログを10部送っていただきたいとお伝えください。
    B: はい、新製品のカタログを10部お送りするということですね。
(2) A: 明日午後3時に伺うとお伝えいただけますか。
    B: はい、明日午後3時にいらっしゃるということですね。
(3) A: お約束の日時を変更していただきたいのですが。
    B: はい、お約束の日時を変更なさりたいということですね。

問題 文を完成させなさい。
(1) A：契約の件でお尋ねしたいことがあります。
　　B：＿＿＿＿＿＿＿＿＿＿＿＿＿＿＿＿＿＿＿＿＿＿＿＿＿ということですね。
(2) A：青はいただきますが、白のほうは返品し*たいのですが……。
　　B：＿＿＿＿＿＿＿＿＿＿＿＿＿＿＿＿＿＿＿＿＿＿＿＿＿ということですね。
(3) A：7月までは土曜日と日曜日も営業をしておりましたが、8月は、節電*のためお休みをいただいております。
　　B：＿＿＿＿＿＿＿＿＿＿＿＿＿＿＿＿＿＿＿＿＿＿＿＿＿＿＿＿ね。
　　＊返品する：一度買った商品を返す
　　　節電　　：電気を節約すること

3｜～よう～

例文

a. 引用

(1) 2時に受付においでくださるよう伝えていただけますか。

b. 目的

(2) 夏のセールに間に合うよう急いでお送りします。

(3) お客様に満足いただけるようサービスに力を入れています。

問題 文を完成させなさい。
(1) 石井が戻りましたら＿＿＿＿＿＿＿＿＿＿＿＿＿＿＿＿＿＿よう伝えます。
(2) 子ども連れでも＿＿＿＿＿＿＿＿＿＿＿よう売り場には遊び場*を作っています。
(3) 10時に出発できるように＿＿＿＿＿＿＿＿＿＿＿＿＿＿＿＿＿＿。
　　＊遊び場：子どもたちが遊べる場所

10課　伝言を受ける｜069

タスク

 1 伝言を預かる

ロールカードA (10-1)

あなたは、ラムラ営業2課の社員です。

取引先であるワイ企画の井上さんから加藤さんに電話がかかってきました。

加藤さんは、いま会議中で、予定表には11時終了と書いてあります。

井上さんの依頼に対応してください。

ロールカードB (10-1)

あなたは、ワイ企画の井上です。

ラムラ営業2課の加藤さんに電話をかけてください。

加藤さんが不在*のときは、フォーユー シリーズの商品の納入*時期について確認したいことがあるので電話がほしいと言ってください。

＊不在：会議や外出などで席にいない
　納入：品物やお金を納めること

2 伝言を預かると自分から申し出る

ロールカードA（10-2）

あなたは、ラムラ営業2課の社員です。
取引先ワイ企画の井上さんから加藤さんに電話がかかってきました。
加藤さんは取引先を訪問していて、4時に会社に戻る予定です。
伝言を預かると自分から言ってください。

ロールカードB（10-2）

あなたは、ワイ企画の井上です。
ラムラ営業2課の加藤さんに電話をかけてください。
加藤さんが不在の場合は、相手が伝言を預かると言ったら、頼んでください。
伝えてほしいこと：フォーユー シリーズの商品展開について質問があるので電話がほしい

3 電話クイズに答えてみよう

電話対応で知っておきたいことです。一番よいものに〇をつけてください。

1. 電話を受けるときの最初の言葉は？
   (1) はい、〇〇社営業部の××です。
   (2) もしもし、〇〇社営業部の××です。
   (3) こんにちは、〇〇社営業部の××です。

2. 担当者がA社に行って不在のときは？
   (1) あいにく、A社に行っております。
   (2) あいにく、席にいません。
   (3) あいにく、外出しております。

3. 相手の声がよく聞こえないときは？
   (1) すみません、よく聞こえないんですが。
   (2) すみません、お電話が遠いようなんですが。
   (3) すみません、もう少し大きな声でお願いします。

4. 会社名が聞き取れないときは？
   (1) 会社名をもう一度おっしゃってくれますか。
   (2) 会社名をもう一度伺えますか。
   (3) 会社名をもう一度言ってください。

5. 伝言について尋ねるときは？
   (1) 伝言はいかがでしょうか。
   (2) 伝言は大丈夫ですか。
   (3) 伝言をお預かりしましょうか。

答えはP.74

ケーススタディ5 「(さ)せていただく」の洪水？

クリスさんは日本の大学を卒業し、4月からウェディング会社に就職したばかりです。この会社では新人研修が1か月間あります。今週はウェディングプランナー*の飯田さんの指導で「お客様にさまざまなウェディングプランを説明する」というテーマで研修を受けています。

今日は結婚予定のカップル15組を招待し、飯田さんが会場の案内や新しいウェディングプランの説明をしました。クリスさんも飯田さんのアシスタントとして出席しました。

飯田さんはスライドを使って新しいプランを説明していました。飯田さんの説明は勉強になったのですが、ちょっと気になったことがありました。プレゼンテーションで飯田さんが「〜(さ)せていただきます」を何回も使っていたことです。
こんな感じでした。

飯田さんのプレゼンテーション：
　　皆様、お忙しい中お越しくださり、ありがとうございます。さっそくですが、本日は当社、ハピアウェディングの新しいプラン「ザ・ハピエストタイム」について説明させていただきます。本日は、私、飯田が担当させていただきます。よろしくお願いします。
　　今回はスライドを用意させていただきましたので、ご覧ください。まず、ザ・ハピエストタイムは今までのプランとは違い、お客様のニーズ*を100％取り入れ、話し合いの機会を多くとらせていただいてからウェディングプランを作らせていただくものです。……

クリスさんは、ラーメン屋のドアの前に「本日休ませていただきます」という紙が貼ってあるのを見たことがあります。でも、友だちと話すときや授業中の先生との会話では「〜(さ)せていただきます」を使ったことがほとんどないので、この表現はビジネスで使う表現なのかと思いました。飯田さんは15分のプレゼンテーションの間に20回も使っていました。クリスさんは、プレゼンテーションの内容よりも「〜(さ)せていただきます」のほうが印象に残ってしまいました。

＊プランナー：企画や計画を立てる人、planner
　ニーズ　　：必要なことやもの、needs

1. 日本人が「～させていただきます」という表現を使って話すのを聞いたことがありますか。聞いたことがある場合（ばあい）はどこで聞きましたか。

2. 飯田さんはどうして「～(さ)せていただきます」を何回も使ったのだと思いますか。

3. 「飯田さんのプレゼンテーション」を読んで、どんな印象を受けましたか。

4. 生活の中で日本人が使っている日本語で「ちょっと変だ」と思う日本語がありますか。

P.72電話クイズの答え
1.(1)　2.(3)　3.(2)　4.(2)　5.(3)

Unit6

社外の交渉*

11課　アポ*を取る
12課　謝罪をする

ケーススタディ6
ダメならダメと早く言って！

入社時には上司や先輩と一緒に取引先を訪問することが多いですが、しばらくすると自分ひとりで行動する機会が増えます。取引先を訪問するときは、行く前に電話やメールでアポイントを取ります。

電話でアポイントを取る場合、最初に訪問の目的を伝えます。そして、次に相手の都合を尋ねます。電話はメールと違って記録が残らないので、ミスをしないよう最後に日時、時間を繰り返し確認することが重要です。

ミスをしないように気をつけていても、ミスが出てしまうことはあります。ミスの程度に関係なく、気がついたらすぐに対応することが大事です。電話で謝る場合は、声の調子、言い方で本当に謝罪し*ているのかどうか相手に伝わりますから、心から謝ることが大切です。丁寧すぎる態度は心がこもっていないと思われることがあるので、気をつけましょう。

また、ミスの程度によっては電話をした後、謝罪のメールを送ることもあります。ミスにどっ対応してよいかわからない場合は、上司や先輩に相談するようにします。

黄春梅さんは、電話でどのように謝っているでしょうか。

*交渉　　　　　：ある問題について、話し合い結論を出すこと
　アポ（アポイント）：仕事などでの会う約束、appointment
　謝罪する　　　：ミスなどを謝る

11課　アポを取る

モデル会話 🔊 12

黄春梅は、訪問のアポを取る。

山口‥‥‥‥はい、中丸物産、営業、山口です。

黄春梅‥‥‥ラムラの黄です。
お世話になっております。

山口‥‥‥‥あ、黄さん、こちらこそお世話になっております。

黄春梅‥‥‥先日ご依頼のありましたサンプルを、来週お持ちしたいと思いますが、ご都合はいかがですか。

山口‥‥‥‥さっそく用意していただき、ありがとうございます。
来週は、月曜か水曜の午前中は社におります。

黄春梅‥‥‥では、月曜日11時に伺ってもよろしいですか。

山口‥‥‥‥はい、結構です。

黄春梅‥‥‥それでは来週、12日の月曜日、11時に伺います。

山口‥‥‥‥はい、お待ちしています。

黄春梅‥‥‥失礼します。

山口‥‥‥‥失礼します。

文型・表現

1 | お／ご

例文

（1）御社のご提案について、社内で検討いたしました。
（2）ご欠席の場合は後ほど資料をお送りします。
（3）この問題について、お考えを聞かせてください。

問題 文を完成させなさい。

（1）（確認してほしい）

　　これでよろしいでしょうか。＿＿＿＿＿＿＿＿＿＿＿＿＿＿＿＿＿＿＿＿＿＿＿＿。

（2）（返事がほしい）

　　できれば今週中に＿＿＿＿＿＿＿＿＿＿＿＿＿＿＿＿＿＿＿＿＿＿＿＿＿＿＿＿。

（3）（研修会に対する意見を書いてほしい）

　　研修会への＿＿＿＿＿＿＿＿＿＿＿＿＿＿＿＿＿＿＿＿＿＿＿＿＿＿＿＿＿＿。

---

2 | いかがですか

例文

（1）お飲み物はいかがですか。冷たいものも温かいものもございます。
（2）これから食事会があるのですが、ご一緒にいかがですか。
（3）先日の打ち合わせを基に企画書を作成しました。この内容でいかがですか。

問題 文を完成させなさい。

（1）（都合を聞く）

　　今月中に一度お目にかかりたいのですが、＿＿＿＿＿＿＿＿＿＿＿＿＿＿＿＿。

（2）（体の調子について聞く）

　　入院されていたと伺いましたが、＿＿＿＿＿＿＿＿＿＿＿＿＿＿＿＿＿＿＿。

（3）（取引先に客の反応＊について聞く）

　　先日、新製品を納入させていただきましたが、＿＿＿＿＿＿＿＿＿＿＿＿＿。

　　＊反応：商品やサービスなどに対して、どう感じたか、どう行動するか

3 | 連用中止形（ます形の「ます」を取った形）、〜

例文

(1) ご迷惑をおかけし、申し訳ありませんでした。

(2) ご連絡が遅くなり、大変失礼いたしました。

(3) たくさんの皆様にお集まりいただき、心より感謝申し上げます。

問題 文を完成させなさい。

(1)（商品カタログ*を送ってくれたことを感謝する）
　　_____、ありがとうございます。

(2)（忙しい中、来てくれたことを感謝する）
　　_____、ありがとうございます。

(3)（納入数を間違えてしまったことを謝る）
　　_____、大変申し訳ありません。

＊商品カタログ：会社の商品を紹介するための商品リストで、写真がついていることが多い

タスク

 1 アポを取る（1）

ロールカードA（11-1）

あなたは、イイトモ産業の内野です。

リード・リサーチから電話がかかってきたら、スケジュールを見ながら対応してください。

今日は12日、月曜日です。

日	曜	am	pm
● 12	月	在室	在室
13	火	見本市	見本市
14	水	見本市	見本市　　16:00帰社＊
15	木	会議	Q社訪問
16	金	Z社訪問	14:00～15:00 X社来社＊

＊帰社：会社に戻ること
　来社：客が会社に来ること

ロールカードB（11-1）

あなたは、調査会社、リード・リサーチの社員です。

イイトモ産業から依頼された調査の報告書ができあがったので、イイトモ産業に持って行きたいと思います。

イイトモ産業の内野さんに電話をかけ、明日かあさっての都合を聞いてください。

都合がつかない場合は日程を調整してください。

今日は12日、月曜日です。

2 アポを取る（2）

ロールカードA（11-2）

あなたは、リバーサイド産業の製品を扱っているコヅカ商会の沢田です。

リバーサイド産業から電話があったら、以下のスケジュールを見ながら日程調整をしてください。

今日は4日、木曜日の午前11時です。

今週のスケジュール

日	曜	am	pm
1	月		
2	火		
3	水		
● 4	木	在室	1時〜2時 S社来社
5	金	在室	H社訪問、Z社訪問 5時帰社

来週のスケジュール

日	曜	am	pm
8	月	会議	在室
9	火	在室	在室
10	水	休暇	
11	木		
12	金		

ロールカードB（11-2）

あなたは、リバーサイド産業、営業部の社員です。

新商品のカタログができあがってきたので、取引先のコヅカ商会に説明に行きたいと思います。

下のスケジュール表を見ながらコヅカ商会の沢田さんに電話をかけ、来週の都合を聞いてください。

今日は4日、木曜日の午前11時です。

今週のスケジュール

日	曜	am	pm
1	月		
2	火		
3	水		
● 4	木		J社訪問 5時帰社
5	金	Y社来社	

来週のスケジュール

日	曜	am	pm
8	月		W商会訪問
9	火		会議
10	水		M銀行、N社訪問
11	木		B社来社、会議
12	金		出張

3 アポを変更する

ロールカードA（11-3）

あなたは、タータ産業の山浦です。

明日（7日・木曜日）の11時にエフ商会の金田さんが来社することになっています。

金田さんから電話があったら、下のスケジュール表を見ながら対応してください。

今週のスケジュール

日	曜	am	pm
4	月		
5	火		
6	水	S社訪問	在室
7	木	エフ商会来社	シンポジウム 直帰*
8	金	10時～11時 会議	H社訪問、Z社訪問 5時帰社

来週のスケジュール

日	曜	am	pm
11	月	在室	T社訪問、J社訪問
12	火	在室	研修講師
13	水	在室	会議
14	木	L社来社	出張
15	金	出張	出張

＊直帰：出先からまっすぐ自分の家に帰ること

ロールカードB（11-3）

あなたはエフ商会、営業部の金田です。

今日（6日、水曜日）、出張先から戻る予定でしたが、台風で飛行機がキャンセルになり、会社に戻るのは明日の午後になりそうです。

タータ産業の山浦さんを明日（7日・木曜日）の11時に訪問する約束になっています。

山浦さんに電話で事情を説明し、タータ産業への訪問日時を来週に変更してもらってください。

来週は火曜日か水曜日だったら都合がつきます。

12課　謝罪をする

モデル会話 🔊 13

黄春梅は、取引先に間違ったメールを送ったために謝罪の電話をする。

藤　原………はい、南商事、販売部、藤原でございます。

黄春梅………ラムラの黄春梅です。
　　　　　　いつもお世話になっております。

藤　原………あ、黄さん、こちらこそお世話になっております。

黄春梅………実は、10分ほど前に南商会さん宛てのメールを藤原さんにお送りしてしまいました。
　　　　　　大変申し訳ありませんが、そのメールを削除していただけますか。
　　　　　　件名は「5月20日の日程調整」です。

藤　原………今、メールをチェックしますね。
　　　　　　あ、ありました。
　　　　　　確かに黄さんから「5月20日の日程調整」というメールが来ていますね。
　　　　　　はい、削除しました。

黄春梅………ありがとうございます。
　　　　　　お手数をおかけして本当に申し訳ありません。

藤　原………いえいえ。

黄春梅………それでは、失礼します。

藤　原………失礼します。

文型・表現

1｜実は

例文

(1) 実は、今度、ほかの部署*に異動する*ことになりました。
(2) 実は、倉庫の火災のため、商品のお届けが遅れてしまいそうなんです。
(3) 実は、先日、取引先のA社についてあまりよくない話を聞きました。

*部署：会社の中の組織の一部、営業部、人事部、製造部など
　異動する：会社の中で、部署や勤務地（働く場所）が変わること
　　　　　　例）営業部→人事部、東京本社→大阪支社

> **問題** 文を完成させなさい。
> (1) A：明日、休ませていただきたいんですが……。
> 　　B：どうしたの？
> 　　A：実は、＿＿＿＿＿＿＿＿＿＿＿＿＿＿＿＿＿＿＿＿＿＿＿＿＿＿＿。
> (2) A：うれしそうだね。何かいいことがあったの？
> 　　B：はい、実は、＿＿＿＿＿＿＿＿＿＿＿＿＿＿＿＿＿＿＿＿＿＿＿。
> (3) A：すみません。実は、＿＿＿＿＿＿＿＿＿＿＿＿＿＿＿＿＿＿……。
> 　　B：ちゃんと探したの？

2｜こ・そ・あ

例文

(1) A：この間、駅前のイタリアンに行ったんだけど、結構おいしかったよ。
　　B：私も行ったことがあります。あの店、安くておいしいですよね。
(2) A：課長、9月にシンガポール支店に転勤されるみたいですよ。
　　B：その話、誰から聞いたの？
　　A：う〜ん、ちょっとね……、この話はまだほかの人には言わないでください。

▶自分の話の内容を指すときは「こ」、相手の話の内容を指すときは「そ」を使います。

▶内容に強い関心があったり、内容が自分と関係が深いと感じたりする場合は、相手が話す内容でも「こ」が使われます。

▶「あ」は話し手、聞き手の両方が知っているときに使います。

> **問題** 適当なものを選びなさい。
> (1) A：作成をお願いした書類、もうできましたか。
>   B：(この　その　あの) 書類って、月曜日の依頼の分ですか。たった今、メールでお送りしたところです。
> (2) A：山川課長、会社をやめるらしいね。
>   B：えっ、(この　その　あの) こと、みんな知っているんですか。
> (3) A：この前、A社と契約できそうだって言ってましたよね。
>   B：あー、(これ　それ　あれ)、残念ながらダメだったよ。

3 | 確かに

例文

(1) ありがとうございます。確かに代金を受け取りました。
(2) 課長が会議で確かにそうおっしゃいました。議事録にも書いてあります。
(3) あのレストランは確かにおいしいけど、値段が高すぎます。

> **問題** 適当なものを選びなさい。
> (1) 今、品物が届きました。(確かに　確か) 白を10ケース、受け取りました。
> (2) 電話で対応してくれた人の名前は、(確かに　確か) 太田だったように思います。
> (3) 昨日 (確かに　確か) メールをお送りしました。メールボックスをもう一度ご確認ください。

タスク

 1　商品の発送ミスに対応する

ロールカードA（12-1）

あなたは、ジェイマートの社員です。
アスト社に青いボールペン5箱を注文しました。
商品が届いたので、箱を開けようとしたところ、アスト社から電話がかかってきました。
話を聞き、対応してください。

ロールカードB（12-1）

あなたは、文房具を扱うアスト社の社員です。
ジェイマートから青いボールペン5箱の注文を受け、昨日手配*しました。
しかし、商品発送後に赤いボールペン5箱を送ったことに気がつきました。
商品はジェイマートに届いているころです。
ジェイマートに電話をかけ、事情を説明して謝ってください。
＊手配する：必要なものや人などを準備する

2 訪問時間を間違えたことを謝罪する

ロールカードA（12-2）

あなたは、コピー機のリース会社、ABCリースの社員です。

Y社のコピー機の点検修理を、今日の午後1時に手配しました。

Y社から電話がかかったら、対応してください。

ロールカードB（12-2）

あなたは、Y社の社員です。

コピー機の調子が悪くなり、大量のコピーができません。

今日の11時に、ABCリースの担当者がコピー機を点検修理に来る予定になっています。

しかし、12時半を過ぎてもABCリースから誰も来ません。午後から研修会のコピーをまとめてするつもりだったので困っています。

ABCリースに電話をしてください。

3 発送ミスに対して謝罪のメールを書いてみよう

あなたはネット通販会社　アットホームの社員です。
夏のセールとして、12本入りのジュースを10ケース注文すると12ケース届くという「今だけおまけ」キャンペーン*を行っています。
企業からの注文が多く、キャンペーンは成功しています。
今日、ホボニチ企画から、オレンジジュースを10ケース注文したのだが、おまけの2ケースが届かなかったというメールが来ました。
ホボニチ企画にメールで謝ってください。

（メールに書く内容のヒント）
謝罪の言葉⇒ミスの原因説明⇒対応したことの説明⇒今後について⇒謝罪と最後のあいさつ

＊キャンペーン：会社などが行う大きな宣伝活動、campaign

件名：
本文：

ケーススタディ6　ダメならダメと早く言って！

ロエンさんは日本の専門学校を卒業し、アパレル製造企業に就職しました。
入社してしばらくは、商品を仕入れる*ための注文書の作成、商品の輸出入の手続きなど社内の仕事をしていましたが、今年から営業をすることになりました。自社の製品を置いてもらえるよう大手*スーパーを回るのが仕事です。ロエンさんは、他社の製品との違いや、自社の製品を取り扱ってもらった場合のスーパー側のメリット*などを整理して、十分に準備をして、営業に行きました。

どの訪問先の担当者もロエンさんの説明を聞き、何度もうなずきました。Aスーパーの担当者は最後に「詳しい説明ありがとうございました。確かにいい製品ですね。申し訳ありませんが、私の一存*では決められませんので、社内で検討させていただきます」と言いました。Bスーパーの担当者は「いい製品ですね。でも、今は新しい商品を入れる時期ではないので。また、こちらからご連絡します」と言いました。ロエンさんは、「Aスーパーはうちの製品を置いてくれる！」と思いました。「Bスーパーは、今はダメでも、将来はうちの商品を扱ってくれる！」と思いました。どちらの担当者にも元気よく「よろしくお願いいたします」と言って頭を下げました。

社に帰ってから課長に報告すると「うーん、やっぱり。そう簡単にはいかないもんだなあ。残念ながら、うちと取り引きしてくれる可能性は低いなあ」と言いました。ロエンさんは課長の言葉にびっくりしてしまいました。

*仕入れる：売るための製品や、製品を作るための材料を買う
　大手：その業界の中で大きい会社
　メリット：よい点、得になること　反対語はデメリット
　一存：自分一人だけの考え、意見

1. ロエンさんが説明している間、担当者が何度もうなずいたのはどうしてだと思いますか。うなずくことにはどのような意味があると思いますか。

2. ロエンさんがAスーパーはすぐに、Bスーパーは将来、それぞれ取り引きができると思ったのはどうしてだと思いますか。

3. 課長は、ロエンさんの報告のどの部分でAスーパーもBスーパーも取り引きをしてくれる可能性が低いと判断したと思いますか。

4. 相手の話を聞いて、相手が言いたいことと違う意味に理解してしまったことがありますか。どうしてそういうことが起こったのだと思いますか。

Unit7

社内の交渉

13課　誘いを断る
14課　許可を得る

ケーススタディ7
10分遅れただけなのに……

日本では仕事が終わってから上司や同僚に飲みに誘われることがよくあります。職場では仕事に追われて、上司が部下と話す機会が少ないので、オフィスで話せなかったことをお酒を飲みながら話します。お酒を飲みながら、社員同士の人間関係を深めることが目的で、日本の会社ではよく見られます。これは、「お酒を飲む」と「コミュニケーション」の2つの言葉を一緒にして「飲みニケーション」と言われています。

最近は、一日働いた後にプライベート*の時間を使って、会社の人と飲みに行くことを好まない社員もいます。しかし、会社の人に誘われたときに、誘いを毎回断ると「付き合いが悪い」と思われることがありますから、上手に断ることも会社での人間関係を保つために大切です。

また、会社は組織なので、私用などで早退*するときには上司に許可を得る必要があります。事前に準備をして、仕事への影響がないことをきちんと伝えて許可を得るようにしましょう。

上司から飲み会に誘われたグエンさんは、誘いをうまく断っているでしょうか。

グエンさんの早退願いを課長が許可したのはどうしてでしょうか。

*プライベート：仕事と関係のない自分のこと、private
　早退　　　：決まった時間より早く会社を出ること

13課　誘いを断る

モデル会話 🔊 14

グエンは、上司からの飲み会の誘いを断る。

係　長……グエンさん、だいぶ仕事に慣れてきたようじゃない。
　　　　　電話の受け答え*もきちんとできるようになったし、報告書も上手に書けるようになったね。

グエン……ありがとうございます。
　　　　　でも、まだまだ困ることやわからないことがあります。

係　長……じゃ、今晩、一杯やりながら話を聞こうか。

グエン……ありがとうございます。
　　　　　でも、あいにく今晩は大学時代の友人と会う約束をしてしまいまして……。
　　　　　友人がベトナムに転勤することになって、ベトナムのことをいろいろ聞きたいと言ってきたんです。
　　　　　せっかく誘っていただいたのに申し訳ありません。

係　長……いいんだよ。
　　　　　近いうちに飲もう。

グエン……はい。

　＊受け答え：相手の言ったことにきちんと答えること

文型・表現

1｜あいにく

例文

(1) 申し訳ありません。あいにく田中は外出しております。

(2) その商品はあいにく在庫がありません。

(3) せっかくのお誘いですが、あいにく今週は予定が詰まっています。

> **問題** 文を完成させなさい。
> (1) A：マルトモ商事の川井と申します。山下さんはいらっしゃいますか。
>   B：申し訳ありません。あいにく_____。
> (2) A：赤100個とブルー200個、至急、納品していただきたいんですが。
>   B：ご注文ありがとうございます。あいにく_____。
> (3) A：昨日、展示会に行ったの？
>   B：いいえ、あいにく_____。

2｜～ことになる

例文

(1) 4月に大阪支店に転勤することになりました。これまでお世話になりました。

(2) 反対意見が多かったので、今回の計画は中止することになりました。

(3) 9時から準備を始めることになっていますので、全員8時半までに集合してください。

> **問題** 文を完成させなさい。
> (1) A：この度、_____。
>   B：おめでとう。
> (2) A：明日、いっしょに映画を見に行きませんか。
>   B：明日は_____。
>   あさってなら大丈夫なんですけど。
> (3) 事業の拡大にともない、この度、_____。

3 | せっかく

例文

（1）昨日はせっかく来ていただいたのに、外出していて申し訳ありませんでした。

（2）会社を始めて10周年＊というせっかくの機会だったのに、予算不足で大きなキャンペーンができなかった。

（3）せっかく準備したのに、雨で中止になり残念です。

＊10周年：会社ができたり、何かが始まってから10年たったこと

問題 文を完成させなさい。

（1）A：金曜日のナイターのチケットがあるんですが、一緒に行きませんか。
　　B：金曜日は、あいにく予定が入っています。せっかく＿＿＿＿＿＿＿＿のに申し訳ありません。

（2）A：休暇どうだった？
　　B：大雨が続いて、せっかく＿＿＿＿＿＿＿＿＿＿＿＿＿＿＿＿＿＿。

（3）A：近くまで来たので寄ってみたんですが、渡辺さんはいらっしゃいますか。
　　B：せっかく＿＿＿＿＿＿＿＿＿＿＿のに、申し訳ありませんが、渡辺は出張中で明日出社の予定です。

タスク

 1　先輩からの誘いを断る

ロールカードA（13-1）

あなたは、今週の土曜日、夕方から、自宅でバーベキューパーティーをします。後輩を誘ってください。

ロールカードB（13-1）

あなたは、会社の先輩と話しています。
今週の土曜日は大学時代の友人と会う約束をしています。
パーティーに誘われたら、先輩に失礼にならないように、断ってください。

 2　上司からの誘いを断る

ロールカードA（13-2）

あなたは、課長です。趣味は釣りです。
新入社員を釣りに誘ってください。
釣りの楽しさを話して、来るように説得してください。
例：自然の中で集中できる大切な時間
　　釣るためにいろいろ考える
　　釣れたときの大きな喜び

ロールカードB（13-2）

あなたは、新入社員です。釣りにはまったく興味がありません。
課長に釣りに誘われたら、失礼にならないように断ってください。

3 相手や場合に応じて誘いを断るにはどうすればよいか、考えてみよう

会社内の上下関係や人間関係を壊さずに、どうすれば上手に誘いを断ることができるでしょうか。

基本的には以下の流れで断ることができます。

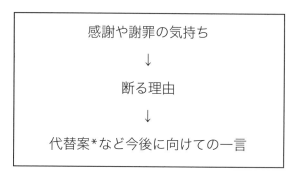

＊代替案：今出ている案の替わりになる案

以下の状況で断るときなんと言えばいいか、考えてみよう。

（1）1年先輩の同僚から週末に映画を見に行こうと誘われました。

（2）上司から週末の家族キャンプに誘われました。

14課　許可を得る

モデル会話 🔊 15

　グエンは、直接課長に早退の許可を願い出る。

グエン………課長、ちょっとよろしいですか。
課　長………はい。
グエン………急で申し訳ありませんが、あさって、金曜日の午後、早退させていただけますか。
課　長………どうしたの？
グエン………実は、今朝早く叔父から電話がありました。
　　　　　　　あさっての午後、成田に着くので迎えに来てほしいと言われました。
課　長………あさっては、確かタチバナ電機さんに行ってプレゼンするんじゃなかった？
グエン………はい、プレゼンは午前中に終わります。
課　長………プレゼンの報告はどうするの？
グエン………はい、プレゼンが終わるのが11時なので、11時過ぎには課長に電話で報告できると思います。
課　長………じゃあ、問題ないね。
　　　　　　　月曜日の朝、詳しいことを聞かせてください。
グエン………はい、わかりました。
　　　　　　　どうもありがとうございます。

文型・表現

1 ｜ ～(さ)せていただけますか

例文

（1）こちらのカウンターに弊社(へいしゃ)のパンフレットを置かせていただけますか。

（2）お忙しいところ恐縮ですが、弊社の新製品について少し説明させていただけますか。

（3）ミャンマーへの出張、私に行かせていただけますか。

> **問題** 文を完成させなさい。
> （1）足を痛めておりますので、申し訳ありませんが、いすに＿＿＿＿＿＿＿＿＿＿。
> （2）うちの課のコピー機の調子が悪いんです。こちらの＿＿＿＿＿＿＿＿＿＿＿＿＿。
> （3）A: アプリ開発の展示会に行きたい人いる？ 招待券があるんだけど。
>   B:＿＿＿＿＿＿＿＿＿＿＿＿＿＿＿＿。今日は、お客様とのアポもありませんし。

2 ｜ ～てほしいと言われました

例文

（1）サンエーさんから、今回の企画書とは別の案も出してほしいと言われました。

（2）コーエー産業さんから、新製品のカタログとサンプルを持ってきてほしいと言われました。

（3）たびたび機械が故障(こしょう)するので、修理ではなく交換してほしいと言われました。

問題 （　）は取引先の人の発言です。必要な情報を使って、文を完成させなさい。
(1)（在庫*がないんです。申し訳ありませんが、必ず今週中に納入してください。）
　　_____てほしいと言われました。
(2)（説明書通りにやっても動かないんです。すみませんが、こちらに見に来ていただけますか。）
　　_____てほしいと言われました。
(3)（提案された内容について、もっと詳しく話を聞かせていただけませんか。）
　　_____てほしいと言われました。
　　＊在庫：会社が持っている商品、倉庫などに置いてある商品

3｜〜んじゃなかった？

例文

(1) A: もう1時50分だよ。2時にコーエー産業さんにカタログを持って行くんじゃなかった？
　　B: はい。3時に変更になったんです。
(2) A: Bさん、夏休みに国に帰るんじゃなかった？
　　B: そのつもりだったんですが、いろいろ事情があって……。
(3) A: Bさん、会議までに資料を準備しておくんじゃなかった？
　　B: あ、会議まであと30分ですね。急いで準備します。

問題 文を完成させなさい。
(1) A: 今月中にヨツビシさんに_____？
　　B: はい、先ほど電話で返事をしました。
(2) A: 申請書、今週中に_____？
　　B: うん。今、作成しているところ。今週中に必ず提出するよ。
(3) A: 企画書がまだ完成しない……。
　　B: えーっ、明日までに_____？

タスク

 1 出身大学で職場の話をする許可を得る

ロールカードA（14-1）

あなたは、ポップ観光で働いています。アジアチームのメンバーです。

休みは水曜日と木曜日です。

出身大学のキャリアセンターから、1か月後の木曜日の午後、学内就職説明会で、仕事のことを話してほしいという依頼が来ました。

会社の話をするので、チームリーダーの許可を得てください。

ロールカードB（14-1）

あなたは、ポップ観光アジアチームのリーダーです。

チームメンバーから、許可願いがあったら、話をよく聞いてください。

問題がないと判断したら、許可を出してください。

 2 語学学校に通う許可を得る

ロールカードA（14-2）

あなたは、あおい銀行、東アジア地域本部で働いています。

海外から英語の電話がかかってくると、うまく対応できないことがあるので、英語の学校に行こうと考えています。

講座は3カ月間、週2回のコースで火曜日と金曜日の夜6:00から8:00までです。

課長に許可をもらってください。

ロールカードB（14-2）

あなたは、あおい銀行、東アジア地域本部の課長です。

部下の話をよく聞き、いくつか質問をしてください。

納得できた場合は、部下の希望を受け入れてください。

3 以下の状況と4人の発言を読み、あなたがプロジェクトメンバーだったら、何と言うか考えてみよう

> タンさんは食品会社で働いています。有給休暇が7日残っていることを忘れていました。
> 今月中に取らないと取れなくなります。
> 現在、新商品開発プロジェクト*を担当しています。このプロジェクトが終わるまでに、あと1カ月かかります。
> プロジェクトのメンバー4人に相談しました。それぞれの人が次のように言いました。
> 大木：うーん、今タンさんに休まれると、ちょっと困るなあ。課長がOK出すかな？
> 小川：1週間続けて取るのは難しいかもしれない。2日ぐらいなら大丈夫じゃないかな。
> 田山：あと4週間あるから、1週間に1日ずつ休むっていうのは？ 3日分はあきらめるしかないよ。
> 藤田：今から休暇申請*するのもね……。
> *プロジェクト：大きな目標のためにいろいろな人が集まって進める計画
> 　休暇申請　　：会社などを休むための手続き

あなたの意見

ケーススタディ7　10分遅れただけなのに……

サイさんは日本の大学を卒業し、日本の自動車部品メーカーに就職しました。

週末に自動車部品の見本市がありました。土曜の朝8時30分に展示会場に集合して、最終チェックをすることになっていました。展示会場の近くの駅に8時25分に着いたので集合時間に間に合うと思いました。しかし、ビルに入ってから会場が広くて迷ってしまいました。会社のブースについたのは8時40分で、打ち合わせが終わったところでした。リーダーの渋谷さんに呼ばれました。

渋谷：サイさん、8時半集合なのに、もう40分だよ。
サイ：すみません。
　　　25分には駅に着いていたんですけど、ビルの中で迷っちゃったんです。
渋谷：初めての場所なんだから時間に余裕を見て来るのは常識だろう？
サイ：はい。
渋谷：集合時間の5分前には皆そろっていたよ。
サイ：えっ？
渋谷：時間がないから、早く仕事を始めなさい。
サイ：はい。

1. サイさんが集合時間に10分遅れただけで、渋谷さんが呼び出して注意したのはどうしてだと思いますか。

2. ほかの人は全員、集合時間の前に来ていたのはどうしてだと思いますか。

3. あなたが渋谷さんだったら、サイさんに何と言いますか。

4. あなたは集合時間の何分前に行きますか。状況によって違う場合は、その理由を考えてみましょう。

敬語表現

普通の形	尊敬語 取引先の人や上の立場の人がすることやしたことなどを言う場合に使う	謙譲語 取引先の人や上の立場の人に自分がすることやしたことなどを言う場合に使う
行きます	いらっしゃいます	まいります 伺（うかが）います
来ます	いらっしゃいます おいでになります お見えになります	まいります 伺います
します	なさいます されます	いたします
います	いらっしゃいます	おります
〜ています	〜ていらっしゃいます	〜ております
聞きます	お聞きになります	伺います お聞きします
見ます	ご覧になります	拝見します
言います	おっしゃいます	申します 申し上げます
会います	お会いになります 会われます	お目にかかります
知っています	ご存じです	存じております
もらいます		いただきます
くれます	くださいます	

尊敬・謙譲表現の確認

話します	尊敬	お／ご〜になる	お話しになります
		（ら）れる	話されます
		お／ご〜くださる	お話しくださいます
	謙譲	お／ご〜する	お話しします
		お／ご〜いただく	お話しいただきます

著者
村野　節子（むらの　せつこ）
　　元武蔵野大学非常勤講師
　　青山学院大学大学院修士課程修了（国際コミュニケーション）

山辺　真理子（やまべ　まりこ）
　　元武蔵野大学非常勤講師
　　立教大学大学院修士課程修了（比較文明学・言語多文化）

向山　陽子（むこうやま　ようこ）
　　武蔵野大学客員教授
　　お茶の水女子大学博士後期課程単位取得退学（応用言語学）人文科学博士

イラスト
内山洋見

装丁・本文デザイン
Boogie Design

中級レベル ロールプレイで学ぶビジネス日本語
―就活から入社まで―

2018年6月14日　初版第1刷発行
2025年5月7日　第 7 刷 発行

著　者　　村野節子　山辺真理子　向山陽子
発行者　　藤嵜政子
発　行　　株式会社スリーエーネットワーク
　　　　　〒102-0083　東京都千代田区麹町3丁目4番
　　　　　　　　　　　トラスティ麹町ビル2F
　　　　　電話　営業　03(5275)2722
　　　　　　　　編集　03(5275)2725
　　　　　https://www.3anet.co.jp/
印　刷　　萩原印刷株式会社

ISBN978-4-88319-770-5　C0081
落丁・乱丁本はお取替えいたします。
本書の全部または一部を無断で複写複製（コピー）することは著作権法上での例外を除き、禁じられています。